素顔の山中伸弥

記者が追った2500日

毎日新聞科学環境部

ナカニシヤ出版

刊行によせて

ノーベルウイークは、月並みな言葉ですが夢のような一週間で、洗練された行事の連続でした。母親を筆頭に大家族旅行でしたが、そんな機会は後にも先にもない。本当に忘れられない旅になりました。いまから思い返すと、あのタイミングでなければ、あれだけ家族がそろうことはありませんでした。義理の父が二〇一二年二月に亡くなり、僕の父も二六年前に亡くなっているので、両方の父が来られないことは残念でしたが、それ以外は全員そろいました。

研究面では、ノーベル賞受賞によって何か極端に変わることはあまり感じていません。「この半年だけでものすごいiPSの記事がでていますね。これはノーベル賞の影響でしょうか」という質問を受けることがよくあります。しかし、いま記事になっているいろんな方の仕事はその前から積み重なったことがいまたまたま出ているだけで、受賞云々で出てきた話ではありません。前から進んできたことが着々と進んでいるわけです。

ただ個人的には、生活がかなり変わりました。やはりなかなか、ふらっとどこかに行ったりすることは非常に難しい。日課のジョギングは、サングラスをかけて帽子をかぶってやっていますが、それでも気付かれます。ジョギングのときは走って逃げるだけなので大丈夫ですが、やはり電車とかレストランでは逃げられない。そういうところは昨年一〇月までのようにはいきません。

一方、いろんな宴会のお誘いや講演等も基本的にはすべて辞退させて頂いているので、大学にいる時間はかえって増えました。最初の何カ月間はいろんな行事があり、東京のほうに行く機会が毎週あったのでちょっと大変でしたが、それも今年三月、四月でほぼ終わり、研究もゆっくりできる環境が戻りつつあります。

二〇一三年七月下旬　京都大学ｉＰＳ細胞研究所にて

山中伸弥

はじめに

駒形提灯に灯がともり、祇園囃子が京の街に響く。猛暑が続いた二〇一三年夏。日が落ちても三〇度を超える蒸し暑い日が続くなか、七月の一カ月間行われる祇園祭がクライマックスを迎えようとしていた。一五日の宵々山、一六日の宵山の二日間で、五〇万人もの見物客が繰り出し、山鉾が並ぶ四条通ではうちわを手にした浴衣姿の若い女性たちの笑顔があちこちで見られた。

日本三大祭の一つでもある、祇園祭の起源は平安時代にさかのぼる。平安京でしばしば流行した疫病の退散を祈願した祇園御霊会《ごりょうえ》がはじまりという。それから一一〇〇年。「祈り」ではなく「医学」によって人類が克服した病は数え切れないほどあるが、治療法はおろか原因すらわからない病気も、いまだに数多く存在する。その原因解明や、不治の病を治す再生医療、創薬につながると期待される画期的な研究成果が、この街から世界へ発信された。

京都大学iPS細胞研究所の所長、山中伸弥教授が世界ではじめて作製した人工多能性幹細胞（iPS細胞）だ。二〇〇六年に論文を発表し、二〇一二年には五〇歳の若さでノーベル医学生理学賞を受賞した。山中さんの衝撃的な論文発表を機に、世界の大学や研究機関、企業はこぞってｉＰＳ細胞を使った夢の治療法を一日でも早く実現しようと、しのぎを削っている。これは個々の研究機関の問題ではなく、各国の威信をかけた国際技術開発競争でもある。もちろん本家本元の日本は負けるわけにはいかない。ノーベル賞授賞式後に発足した安倍政権は、一〇年間で一一〇〇億円を拠出すると明言。ｉＰＳ細胞のオリジナル国として世界をつねにリードするのが宿命なのだ。

その第一歩ともいうべき世界初の臨床研究の承認が、祇園祭でにぎわう京の街にも伝えられた。毎日新聞は七月一三日朝刊で「移植前に安全審査　ｉＰＳ臨床了承　厚労省部会」との見出しで報じた。これは、理化学研究所（理研）などが国に申請した目の病気「加齢黄斑変性《かれいおうはんへんせい》」のｉＰＳ治療について、厚生労働省の厚生科学審議会科学技術部会が実施計画を了承したニュースだ。ヒトを対象にした未知の研究であることから、移植前の遺伝子解析を実施するなど安全体制を盛り込み、念には念を入れた計画でゴーサインを出した。同一九日には、田村憲久・厚生労働相が正式承認し、理研などに通知した。治療が成功すれば医学の新たな歴史を刻む画期的な成果になる。

成熟した体細胞をきわめて簡単な方法で初期化し、別のどんな細胞にも変化させることができるｉＰＳ細胞――。細胞をリセットする一連の手法は、当初専門家にさえ信じてもらえなかった、現代の神業でもある。

疫病におびえ、平癒を祈るしかなかったいにしえの都びとたち。そしていま人類は、山中さんがつくりだしたｉＰＳ細胞という最強のツールを得て、神の領域に踏み込もうとしている。

素顔の山中伸弥――記者が追った2500日

＊

目次

素顔の山中伸弥——記者が追った２５００日

第1章

ストックホルム

扉写真：ノーベル賞授賞式にて大勢に祝福される山中さん（代表撮影）

一　夢の地に降り立った「ｉＰＳ細胞生みの親」

ノーベル賞。それは、数ある科学賞のなかでも最高の栄誉とされる。ダイナマイトの発明で知られるスウェーデンの発明家、アルフレッド・ノーベル（一八三三〜一八九六年）が「その前年に人類に最大の貢献をもたらした人々」に授与すべき賞のため、莫大な財産のほとんどを蓄えるよう指示する遺言を残したのが創設の由来だ。一九〇一年以降、ノーベル賞は、物理・科学・医学生理学の自然科学三賞と、文学賞、平和賞の五分野に授与され、一九六八年からは経済学賞も加わった。現在では、「前年に」という条件は適用されていない。平和賞を除く五賞の授賞式は毎年、ノーベルの命日の一二月一〇日、ストックホルム市内で開かれる（平和賞授賞式はノルウェーのオスロで開催）。

ノーベル賞は、なぜ世界でもっとも権威ある科学賞であり続けることができるのか。同賞を運営するノーベル財団のミカエル・スールマン理事長は、二〇一〇年一二月の毎日新聞の単独会見で、「国籍によらず受賞者を選ぶこと。賞金の額が大きいこと。そしてもっとも重要なことは厳密な選考過程だ。対象分野を見渡し、掘り下げ、候補者の貢献度を評価する。時に誤った評価との批判も受けるが、世界中の科学コミュニティーの意見にもとづき分析している」と語っている。

受賞者たちは通常、授賞式の約一週間前にストックホルムに到着する。受賞者が記念講演や記者会見などのさまざまな公式行事に参加し、数々のレセプションや一流の演奏家によるコンサートなど最上級のもてなしも受けるこの週は、「ノーベルウイーク」と呼ばれる。

二〇一二年一二月四日夕（日本時間五日未明）、五〇歳の日本人研究者が、雪に覆われた北欧の街、ストックホルムに到着した。同年のノーベル医学生理学賞受賞者、山中伸弥・京都大学教授その人だ。旅の目的はもちろん、ノーベル賞授賞式への出席である。

「夢の地」に降り立った山中さんは、どんなノーベルウイークを過ごしたのか。一週間にわたって現地で密着取材した模様を紹介しよう。

■ノーベルウイーク

その日、ストックホルムは小雪が舞っていた。凍てつく寒さだが、市内の高級ホテル「グランドホテル」にチェックインした山中さんは、スタッフの出迎えに笑顔でこたえた。黒いコートに帽子をかぶり、颯爽としたいでたちで報道陣の前に現れた山中さんにとって、長い長いノーベルウイークのはじまりだった。この旅には同い年の妻知佳《ちか》さんと母美奈子さんが同行した。山中さんは「約二五年ぶりに母と一緒に旅行することができて、とてもうれしい」というコメントを発表、その暖かい人柄もしのばせた。

到着翌日の一二月五日、公式行事はなく、山中さんは午前中、家族とともにヴァーサ号博物館を見学、併設のレストランで昼食をとった。ヴァーサ号は、世界で唯一現存する一七世紀の巨大な軍艦だ。一六二八年、ストックホルム港からの初出航の直後に沈没し、一九六一年に引き上げられたのち、復元された。山中さんが以前滞在したときに訪れ、気に入った場所だという。この日はストックホルムでも珍しいほどの大雪。館内はすいており、一行はほぼ貸し切り状態で楽しんだ。

午後には、ストックホルム市内の老舗の紳士服店「ハンス・アルデ」を訪れ、授賞式と晩餐会で着るえんび服を試着した。晩餐会は、男性はえんび服、女性は足首が隠れるロングドレス、あるいはそれに類する民族衣装というドレスコードがある。関係者によると、山中さんは店で「足が短いので裾を上げなくちゃ」と冗談を言い、胸元のボウタイ（蝶ネクタイ）は、蝶結びの形があらかじめできていて、取り付けるだけのタイプを選んだという。

ノーベル財団がつけた特別随行員、カイ・レイニウスさんは「山中さんはハンサムなので、えんび服が似合っていた」。知佳さんは、山中さんのシャツの襟が、お辞儀したときに首元に当たらないかを気遣っていたという。

■公式行事始まる

最初の公式行事は、六日（日本時間同日夜）、ストックホルム市内の旧市街地「ガムラ・スタン」に位置するノーベル博物館で行われた。自然科学三賞と文学・経済学賞の受賞者九人全員が、はじめて一堂に会したのだ。

九人は館内を見学、ノーベル賞の歴史について説明を受けたのち、館内に併設されたカフェに移動した。このカフェは、客が座る椅子の裏に過去の受賞者のサインがあり、ノーベル賞の晩餐会でかつ

ノーベル博物館の外で報道陣の質問に答える山中さん

て出されていたデザートと同じアイスクリームが注文できることで知られる。二〇〇一年の開館以来の慣習に従い、山中さんも、共同受賞する英ケンブリッジ大学名誉教授のジョン・ガードン博士と同じ椅子の裏にサインし、妻知佳さんがその様子をカメラに収めた。山中さんは、まずアルファベットで「S.Yamanaka」と書いたが、周囲の勧めで、日本語でも書き添えたという。

同館では、過去の受賞者の寄贈品の一部が展示されている。湯川秀樹博士（一九〇七〜一九八一年、一九四九年物理学賞）の硯と毛筆、小柴昌俊・東京大学名誉教授（二〇〇二年同賞）が素粒子ニュートリノの検出に使った特注の光電子増倍管など、日本人受賞者ゆかりの品もある。山中さんは、ごく少量の液体を量るのに使う実験器具「マイクロピペット」を寄贈した。十数年前、奈良先端科学技術大学院大学にはじめて自分の研究室をもってiPS細胞開発に向けた研究を本格的に始めたころに使っていた愛着のある器具だ。まだ十分、使えるため、周囲からは「もったいない」という声もあったという。

「自分がここにいるのがすごく不思議」。行事を終え、博物館前で取材に応じた山中さんは、笑顔で話した。同館では、ここでしか販売していないノーベル賞のメダルをかたどったチョコレートが人気だが、土産用に一〇〇〇枚購入したという。また、前夜に到着したガードン博士とは、晩餐会でガードン博士が二人を代表して挨拶する際の内容を打ち合わせたという。一方、山中さんは、書きかけの論文数本をストックホルムに持ち込み、前夜もホテルの部屋で遅くまでパソコンに向かっていたことを明かし、「仕事もしながら（公式行事を）楽しみたい」と語った。

■「夢をみているよう」

この日午後（日本時間六日深夜）、山中さんは、ガードン博士とともにカロリンスカ研究所内で記者会見に臨んだ。やりとりは当然、英語。「同じ会場で三、四回、講演したことがあるが、いまは受賞者としてここにいる。光栄だがどこか非現実的で、夢のなかにいるようだ」。山中さんはそのときの心境をそう表現した。

科学との出会いについて聞かれ、「少年時代、ラジオなどの機械を自分で分解し、組み立てるのが好きだった。失敗することもあったが楽しく、そのころから科学への興味が芽生えた」と振り返った。若者へは「仮説と異なる思いがけない実験結果がなければ、人工多能性幹細胞（ｉＰＳ細胞）はできなかった。予期せぬ結果こそ、新しい発見やブレークスルー（画期的な成果）のチャンスだ」と力を込めた。ガードン博士も、「生物学の成績が、二五〇人中最下位だったこともある。自分が好きで興味をもっていることがあれば、もし成績が悪くてもけっしてあきらめないことだ」と強調した。

山中さんは、ストックホルムの印象について、「私がこの街を好きな理由の一つは、すしの店が多いこと」と話した。五日の晩も家族と一緒に日本料理店を訪れたという。日本のすしとの違いについて問われると「ES細胞（胚性幹細胞）とiPS細胞ぐらい似ていて、匹敵するおいしさ」とユーモアを交えて説明し、笑いを誘った。

ノーベル賞受賞が生活にどんな変化をもたらしたかを聞かれると、「もっとも大きな変化は、フルマラソンへの参加を、今年はあきらめざるをえなかったこと」と残念そうに語った。また、受賞発表からの二カ月で論文を二本投稿し、五本の論文を執筆中と明かし、「学生から毎日、「山中先生、お忙しいのはわかりますが、私の論文（の草稿）を読んでください」といった電子メールが届く。この特別な一週間を楽しんだあとは、科学者としてのふつうの生活に早く戻りたい」と現役研究者ならではの一面をみせた。

ガードン博士については「私の研究の源流を五〇年前に切り開いた。とても尊敬しており、一緒に受賞できるのは光栄」と称賛。「患者のもとに届くまでこの研究の流れは続く。そのためにやるべきことはたくさんあり、私の残りの人生をそれに費やしたい」と、iPS細胞の医療応用への決意を語った。再生医療研究の現状については、日本語での回答を求められ、「やはり、iPS細胞を使う再生医療に関しては、日本が先頭を走っていると思う。今後も引き続きこのポジションを維持できるよう、科学者も頑張っているので、ぜひご支援を」と力を込めた。

二　異例のスピード受賞

■スピード受賞、そのわけ

山中さんは、受賞対象となった人工多能性幹細胞（ｉＰＳ細胞）作製の発表からわずか六年でのスピード受賞となった。ノーベル賞は通常、業績をあげてから受賞まで五〜二〇年待つといわれ、一世紀を超えるノーベル賞の歴史のなかでかなり早い。

アルフレッド・ノーベルは、「前年に功績をあげた人物」に賞を与えるよう遺言した。だが、実際の選考では、真偽を含め評価が定まるまで待つ。一九二六年、がんが寄生虫によって発生するとした発見に対し、医学生理学賞が与えられたが、その後の研究で誤りと判明。そうした例もあり、選考は慎重に行われる。

自然科学三賞の日本人受賞者をみても、二〇〇八年の物理学賞を受けた南部陽一郎さんが「対称性の自発的な破れ」という概念を提唱したのは一九六〇年代。ゆうに半世紀を経ての受賞だ。「待ち時間」がもっとも短かった利根川進・米マサチューセッツ工科大学教授（八七年医学生理学賞）でも一一年。山中教授の「六年」は異例の短さだ。ノーベル賞に詳しいジャーナリストの馬場錬成《れんせい》さんは、「山中教授の業績はどこからみても動かしがたいことが認められたのだろう」と分析する。

表　自然科学3賞日本人受賞者の「待ち時間」

氏名（賞）	業績をあげた年	受賞年	待ち時間
湯川秀樹（物）	1935	1949	14年
朝永振一郎（〃）	1947	1965	18年
江崎玲於奈（〃）	1957	1973	16年
福井謙一（化）	1952	1981	29年
利根川進（医生）	1976	1987	11年
白川英樹（化）	1977	2000	23年
野依良治（〃）	1980	2001	21年
小柴昌俊（物）	1987	2002	15年
田中耕一（化）	1987	2002	15年
南部陽一郎（物）	1960年代	2008	約50年
小林誠（〃）	1973	2008	35年
益川敏英（〃）	1973	2008	35年
下村脩（化）	1962	2008	46年
鈴木章（〃）	1979	2010	31年
根岸英一（〃）	1977	2010	33年
山中伸弥（医生）	2006	2012	6年

＊物＝物理学賞、化＝化学賞、医生＝医学生理学賞。業績をあげた年は過去の報道などによる。敬称略。

背景には、共同受賞者であるジョン・ガードン博士の存在もあるとみられる。受賞の業績となったカエルのクローン作製をちょうど五〇年前に成功させており、選考の過程で七九歳のガードン博士への配慮があった可能性も否定できない。

また、ノーベル医学生理学賞は、直訳すると「生理学または医学の賞」で、生理学と医学のどちらの分野で選ばれるかは年ごとに異なる。とくに医学賞として与えられる場合は、発見・開発から二〇～三〇年がたち、臨床現場で広く普及した成果が選ばれることが多い。二〇一〇年に選ばれた体外受精技術は典型的な例で、世界中で四〇〇万人近くの誕生を助けたことが評価された。iPS細胞も医学・医療での利用を目指して開発されたが、山中さん自身が「一人の患者も助かっていない」と話すように、この技術を使った新薬や治療法は、まだ臨床現場で用いられていない。このため、受賞は時期尚早という見方もあった。

一方で、iPS細胞の登場によって、再生医療など人の細胞を用いた研究が可能な分野は飛躍的に広がった。受精卵の一部を取り出してつくるES細胞は、生命の萌芽を壊すという倫理的な理由で使えない国が多かったが、これらの国でもiPS細胞は使うことができ、いまや世界各地でiPS細胞の研究は競うように取り組まれている。

山中さんは受賞決定翌日の一〇月九日午前の会見で、「分化した細胞も初期化できることを簡単で再現性のよい方法で引き出せた。（ノーベル賞は）生命の理解の進歩に与えられたと思っている」と述べ、「生理学」での受賞という見方を示した。そのうえで、「（役に立って評価される）医学賞としてもふさわしく思ってもらえるよう、これからが勝負」と強調した。

待ち時間をめぐっては、一九八六年の高温超電導体の発見に対して翌八七年に物理学賞が贈られたスピード受賞がある。一方、発がん性ウイルスの発見に対しては、五五年後の一九六六年に医学生理学賞が贈られている。

■「受賞のタイミングは完璧」――選考委員会事務局長インタビュー

ノーベル医学生理学賞の受賞者を選ぶカロリンスカ研究所ノーベル賞選考委員会事務局長を務めるヨーラン・ハンソン教授が二〇一二年一二月五日、毎日新聞の単独インタビューに応じた。iPS細胞の開発を発表してわずか六年あまりでの山中さんの受賞について「タイミングは完璧だ」と述べ、異例のスピード受賞の背景に言及した。

ハンソン教授は、iPS細胞の開発について、「細胞を（受精卵に近い状態に戻す）「初期化」するボタンを押す方法の発見であり、既存の認識を覆す基礎科学の根本的に重要な成果」と評価、山中さんがこの数年間、受賞候補のリストに名を連ねていたことを認めた。また、基礎科学での発見による受賞に必要な条件として

・科学界がその成果を認め、（受賞候補者として）推薦すること
・他の研究者によって再現され、正しさが確認されること
・既存の概念を覆す重要な発見だと認められること

——の三つを挙げ、「山中さんの発見は、たしかにもっとも早い受賞の一つだが、条件がすべて整っており、これ以上待つ必要がないと判断した」と述べた。

一方、医学上の発見の場合は通常、臨床応用での実績を積み重ね、評価を受けることが必要で、受賞までに長期間かかるとし、「iPS細胞も医学においてとても重要な結果をもたらす可能性があるが、その実現と評価には長い時間がかかる。そのため、われわれはいま、基礎科学上の重要な成果として選んだ」と明かした。

共同受賞したガードン博士は、クローン技術によるオタマジャクシをつくることに成功して五〇年後の受賞となる。受賞までの期間の長さは山中さんと対照的だが、ハンソン教授は「納得のいく組み

合わせだ。ガードン博士は新しい研究分野を立ち上げ、土台を築いた。山中さんはこの分野を、山中四因子とiPS細胞によって新しい時代へと推し進めた」と説明した。

日本人のノーベル医学生理学賞の受賞者は、一九八七年の利根川さん以来二五年ぶり二人目で、過去に一四人（アメリカ国籍の南部陽一郎さんを含む）が選ばれている物理・化学より大幅に少ない。これについてハンソン教授は、「利根川博士はスイスで研究した成果で選ばれており、日本国内での研究による受賞は今回がはじめて」と指摘したうえで、「われわれは国籍を考慮せず選んでいるが、たくさんの重要な発見が日本でなされており、日本人の医学生理学賞の受賞者が今後、増えていく可能性は十分にあるだろう」と明るい見通しを語った。

山中伸弥名言集メモ①

◆「この技術を開発するという幸運を与えてもらったからには、非常に大きな意味での責任も感じた。」（二〇〇七年一一月一九日、ヒトの皮膚細胞からはじめてiPS細胞をつくりだしたことを受けての記者会見で）

◆「研究をするうえでのモットーは「ビジョンとワークハード」。目的をもって一生懸命に働く。非常に当たり前のことだが非常に難しい。」（二〇〇八年四月八日、神戸大学入学式での講演で）

三　記念講演

■「自然そのものが師」

　山中さんは二〇一二年一二月七日午後（日本時間八日未明）、ガードン博士とともに、カロリンスカ研究所で医学生理学賞の記念講演に臨んだ。記念講演は、ノーベルウイーク中のハイライトの一つであり、内外の関心も高い。山中さんは、自身の研究人生を振り返りながら、人工多能性幹細胞（iPS細胞）の開発の過程やその後の研究の進展を紹介し、「自然そのものが師であり、時に予想しなかったことを教えてくれた」と語った。

　ガードン博士に続いて登壇した山中さんは冒頭、医学生理学賞発表前日の一〇月七日、京都での国際学会で、同賞選考にあたるカロリンスカ研究所のハリエット・ワルベリー・ヘンリクソン所長が「私にウインクしたような気がした」と明かし、「そのときは本当にウインクしたか自信がなかったが、いまは確信している」と会場を沸かせた。続いて、「五〇年前、私の生まれた年に細胞の核の初期化の分野を開拓したガードン博士と共同受賞できて光栄だ」と述べた。

　また、日本や留学先のアメリカで、仮説と異なる実験結果が出たとき、当時の指導者が一緒に喜び興奮してくれたことにふれ、「予期せぬ結果と素晴らしい師に出会えて幸運だった」と語った。

　iPS細胞の可能性と研究の現状も紹介。約三〇〇〇人収容の本会場に加え、二会場にモニター画面が設置され、現地の学生や報道関係者らが講演に耳を傾けた。

会場前には、開始の二時間以上前から大勢の学生らが席を求めて並んだ。山中教授が再生医療の実現や患者への思いを述べるくだりでは、目に涙する若者の姿もあった。カロリンスカ研究所の学生のプリシラ・ラントーさんは「生体臨床医学を専攻しているので、数年以内にｉＰＳ細胞を使って研究できる可能性もあり、すごく面白かった。彼の研究人生を通じて、受賞までの流れを知ることができた。ジョークも楽しかった」と話した。

ごくわずかだが、日本人留学生の姿も。ストックホルム大学でソーシャルワーク（社会福祉援助技術）を学ぶ寺島尚志《たかし》さんは「会場の一体感がすごかった」。同じ大学で社会学を学ぶ高水美沙さんも「本当に感動した。留学中に日本人が受賞するなんて光栄です」と興奮冷めやらぬ表情だった。

研究職の夫とともに聴きにきたストックホルム市在住のブリジッタ・ハンマストロンさんは、「とても興味深く、最高の講演だった。彼のように、個人的な出来事を交えて研究について話すのは素晴らしい方法だと思う。本当によかった」と感動の面持ちだった。

約四五分に及んだ講演の要旨は次のとおり。

＊

五〇年前、私の生まれた年に細胞核の初期化の分野を開拓したジョン・ガードン氏とノーベル医学生理学賞を受賞できることを光栄に思います。

整形外科医から基礎医学に転向した私は「予期せぬ結果」と「素晴らしい師」と出会えた二点でとても幸運でした。

大阪市立大学では、大学院生として三浦克之先生の指導のもと、三浦先生の仮説を確かめる実験をしました。血圧を下げないだろうと予想される物質を犬に投与したところ、予想に反して血圧が下がりました。驚いて三浦先生に報告したところ、自分の仮説が外れていたにもかかわらず一緒に喜び、研究を続けることを励ましてくれました。

一九九三年に博士号を取得し、米グラッドストーン研究所のトーマス・イネラリティ博士のもとで研究を始めました。ここでも、イネラリティ博士の仮説を証明すべく、「ＡＰＯＢＥＣ１遺伝子」を過剰に発現させると、コレステロール値が下がることを期待して実験しましたが、予想が外れ、この遺伝子が肝細胞がんに関わることがわかりました。イネラリティ博士はその結果に興奮し、私は研究を続けることができました。

私には二つのタイプの師がいます。一つ目は三浦先生やイネラリティ博士のような研究者としての師です。彼らのようになりたいけれど、なかなか苦戦しています。二つ目は、自然そのものです。自然は時に予想していなかったことを私に教えてくれ、新たなプロジェクトへとつながりました。

ＡＰＯＢＥＣ１遺伝子の研究過程で、ＮＡＴ１という遺伝子が見つかり、マウスのＥＳ細胞にとって大切なことがわかりました。ＥＳ細胞にはほぼ無限に増殖する能力と、さまざまな細胞に分化する能力がありますが、ＮＡＴ１は後者の多分化の能力に重要であることがわかりました。

アメリカ留学中の山中さんとイネラリティ博士。1995年、グラッドストーン研究所にて（同研究所提供）

　そのころ、アメリカから日本に帰り「ポスト・アメリカ・ディプレッション（PAD、米帰国後うつ症候群）」という病気にかかりました。マウスのES細胞の研究が患者さんの助けになるのか、研究の方向性について悩んでいましたが、二つの出来事によって回復しました。一つは、アメリカのジェームス・トムソン博士のヒトES細胞の樹立というニュースです。もう一つは一九九九年、三七歳のときに奈良先端科学技術大学院大学で研究室をもったことです。

　私は受精卵からではなく、患者さん自身の体の細胞からES細胞のような幹細胞をつくりだすことを研究室の長期目標として掲げることにしました。それまでに明らかにされていた研究の流れから、理論的には可能だと思っていました。

　二〇年、三〇年かかるか、あるいはそれ以上か見当もつきませんでしたが、二〇〇六年にはマウスで、二〇〇七年にはヒトiPS細胞の樹立に成功。四つの因子で細胞核を初期化できることを示すことができました。

この成功は私だけのものではなく、三人の若い科学者、高橋和利君、徳澤佳美さん、一阪《いちさか》朋子さんの努力なしには成し遂げられませんでした。また、iPS細胞に至る三つの道筋をつくった科学者たちにも感謝したいと思います。

一つ目の道筋は、体細胞の核を卵に移植することによる体細胞の初期化研究の流れです。ガードン氏や多田高《たかし》・京都大学准教授らがこの流れで成果をあげました。

二つ目は、単一の転写因子によって細胞の運命を変えることを示した研究の流れ。三つ目は、ES細胞などの未分化細胞で多能性に重要な因子を同定する研究の流れです。

私は京都大学iPS細胞研究所の所長であり、グラッドストーン研究所の上席研究者でもあります。iPS細胞の応用には三つの可能性があり、その研究を推し進めています。

一つ目は、患者さんからiPS細胞を作製し、それを患部の細胞に分化させ、病気を再現することで、病気の解明や薬剤の探索に活用することです。たとえば筋萎縮性側索硬化症（ALS）の患者さんに体細胞を提供していただいてiPS細胞をつくり、神経に分化させ、病気の状態を探る研究をiPS研究所の井上治久准教授が行っています。

二つ目は、iPS細胞から分化させた細胞で薬の副作用を調べること、三つ目は再生医療です。

いま、新しい流れが出てきています。（iPS細胞を経ずに）細胞の種類を直接変える「ダイレクト・リプログラミング」などで、近い将来、こうした研究者たちにもう一つ、ノーベル賞をとってほしいと思います。

■自己採点は「六〇点」

スピーチには定評のある山中さん。直前には、胸に手を当てて緊張を抑えるような仕草も見せたが、ユーモアと真剣さを織り交ぜた語り口で、聴衆を引き込んだ。

講演終了後、山中さんは報道陣の前に姿を見せ、「ノーベルウイークの最大の行事の一つが終わり、ほっとした」と笑顔を見せた。胸元のえんじ色のネクタイは、ノーベル物理学賞受賞者の江崎玲於奈《れおな》さんからの贈り物と明かし、「おかげで少し緊張が和らいだ。日本の科学の素晴らしさを誇りに思っており、その印の一つ」と話した。

得意のジョークに対する聴衆の大きな反応には、「シーンとしているよりはよかった」。英語のつづりをわざと間違えたスライドを見せて会場がどっと沸く場面もあったが、報道陣に確認されると、「あれはちょっと、本当にすごいミスでした。テリブル・ミステイク（恐ろしい間違え）」とけむに巻いた。講演の自己採点を求められると、「六〇点くらい。英語は練習したつもりだが、途中から大阪弁みたいになってしまって」と謙遜した。

最前列で見守った妻知佳さんは、山中さんが家族への感謝や亡き父や義父への思いを述べると、そっと涙を拭った。「さまざまなことを思い起こし、胸が熱くなりました」とコメントした。

四　ガードン博士の素顔

■通勤は赤いスポーツカー

山中さんは、共同受賞の英ケンブリッジ大名誉教授、ジョン・ガードン博士への敬愛の念を、何度も口にしてきた。くしくも、山中さんが生まれたのは、ガードン博士が、アフリカツメガエルを使ってクローンオタマジャクシをつくることに成功したのと同じ年（一九六二年）だ。七九歳になっても現役で研究を続けるガードン博士は、受賞理由の「成熟した細胞の初期化」の先駆者としてだけでなく、長年、発生学の分野をけん引し、優秀な研究者を数多く育ててきたことでも知られる。謙虚な人柄と科学へのあくなき情熱、優雅な私生活――。授賞式を前に、ガードン博士の業績と素顔を、日本の弟子たちが愛情を込めて語った。

「研究者としてのアグレッシブ（積極的）な部分と、若手や周囲の人に対する謙虚で優しい部分とが見事に同居する人」。加藤和人・大阪大学教授（医学倫理）はそう評する。一九九〇年からの約四年間、ガードン博士の研究室で博士研究員として過ごした。毎日午後三時半は「お茶の時間」で、ガードン博士はビスケットを手によく誘いにきてくれたという。技術員や若手研究員に話しかけ、しばし世間話を楽しんだのち、おもむろに実験の成果を尋ねる。休憩と交流、研究の議論を兼ねた大切な時間だった。

共同受賞のガードン博士と握手。カロリンスカ研究所にて

若手には、目的や意味をよく考えながら実験することを求めた。加藤さんは、渡英して約三カ月後に言われた言葉を鮮明に覚えている。「君は土曜日も実験しているそうだが、それは間違いだ。平日にしっかり考えて研究していれば、論文は書けるはずだ」。

ケンブリッジ郊外の屋敷から、当時は赤いスポーツカーで通勤していた。屋敷の広大な敷地には森やテニスコートがあり、加藤さんはたびたび日曜のランチに招待された。スキーやテニスのほか庭づくりも趣味で、みずから池も掘った。二〇〇九年にガードン邸をともに訪問したある日本人研究者は「なぜこんな優雅な生活をしながら、あれほどたくさん論文が出せるんだ」と驚いたという。

現在、ガードン研究室に在籍する宮本圭研究員によれば、いまも謙虚さは変わらず、「僕らが実験を頼むこともあるが、喜んで引き受けてくれる」。博識かつ好奇心旺盛で、経済や物理、宇宙について語ることもある。ノーベル賞決定の日は、受賞の連絡を受けたのちも予定の会議をこなしていたが、正式な発表後に皆に祝福されると、「いままでに見たことのないほどうれしそうな笑顔」を見せたという。

理化学研究所発生・再生科学総合研究センター（神戸市）の笹井芳樹グループディレクターは、ガードン博士の一番弟子に師事した「孫弟子」で、博士を敬愛する一人だ。「発生学の権威だが雲の上の人ではなく、教室の先生のような近さで接してくれる。でも心には科学への熱い情熱を秘め、いい加減に取り組む人には厳しく説教することも。われわれ基礎研究者にとって、ガードンさんのように学問に取り組めたら、と思える存在だ」と語る。

■弟子をクローンにせず

ここで、ガードン博士の受賞理由を振り返ってみよう。ガードン博士は一九六二年、アフリカツメガエルでクローンオタマジャクシをつくることに成功した。細胞からＤＮＡが収まる核を取り出し、あらかじめ核を取り除いた未受精の卵子に入れる「核移植」という手法である。じつは、核移植による両生類のクローンは、これがはじめてではなかった。一九五二年、アメリカの研究者ロバート・ブリッグスとトーマス・キングの両氏が、ヒョウガエルの胚（発生が少し進んだ卵子）の細胞から、細胞や核を取り出し、未受精卵に移植してクローンオタマジャクシをつくることに成功している。しかし、このとき二人が使った胚は、「胞胚期」と呼ばれるごく初期の胚。その次の段階まで発生が進むと、核移植をしてもクローンはほとんどできないとされた。つまり、胚の細胞の核は卵子に入れると

山中氏とガードン氏の業績

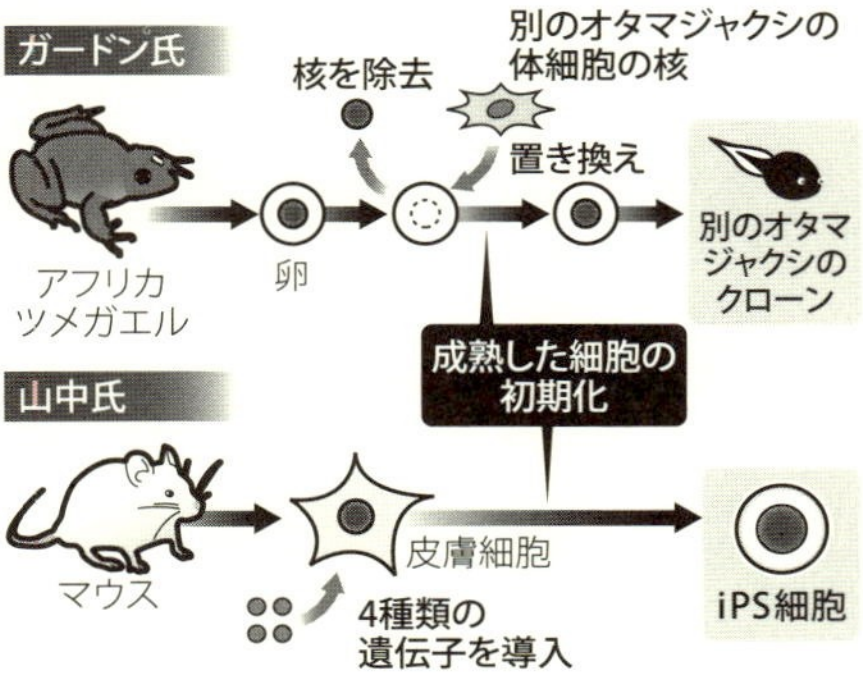

「初期化」のイメージ

「初期化」できるが、分化しきった体細胞の核は「初期化」できないというのが当時の常識だった。

ガードン博士は、オタマジャクシの腸の上皮という、オタマジャクシの細胞のなかでもとくに分化が進み、成熟した体細胞の核を移植してクローンをつくり、常識を打ち破った。

笹井さんによれば、ガードン博士はクローンオタマジャクシ以外にも、細胞の分化などについて、教科書を書き換えるような業績をいくつもあげており、「新たな概念を次々に提案し、発生学を牽引してきた」という。

研究室はつねに十人程度と小規模だが、そのなかから優秀な人材が数多く巣立ってきた。顔ぶれは、笹井さんの恩師でもある米カリフォルニア大学ロサンゼルス校のエディ・デ・ロベルティス教授、ハーバード大学のダグラス・メルトン教授ら、各大学の「看板教授」ともいえる存在だが、それぞれ業績は多彩で、ガードン博士と同じテーマの研究者は一人としていない。「ガードン博士はクローンオタマジャクシをつくったが、弟子をクローンにしなかった」。笹井さんはそう話している。

日本人ノーベル賞受賞者一覧①

湯川秀樹氏（物理学賞、一九四九年）
原子核の陽子や中性子などを一つに固めている「π《パイ》中間子」の存在を推定。敗戦に国民がうちひしがれていた時期に、日本人としてはじめてノーベル賞を受賞、明るい話題になった。

朝永《ともなが》振一郎氏（物理学賞、一九六五年）
論文「素粒子の運動方程式――超多時間理論」が量子論と相対性理論を融合したものと評価され、続く「くりこみ理論」で素粒子の有効性を立証し、現代物理学の基礎を開いた。湯川氏らと世界平和への提言活動も活発に行った。

川端康成氏（文学賞、一九六八年）
「雪国」「千羽鶴」「古都」など外国に翻訳・紹介された作品も数多く、その叙情性豊かな作風は東洋のエキゾチシズムと相まって高く評価された。国際ペンクラブ副会長としても活躍した。

江崎玲於奈《れおな》氏（物理学賞、一九七三年）
ソニーの研究員だったとき、エサキ・ダイオードを発明した。固体におけるトンネル効果を明らかにし、半導体、スーパーコンダクター（超電導体）研究で業績をあげた。エレクトロニクス界の革命といわれた。

五　愛弟子と恩師

ノーベル賞受賞者は、授賞式や晩さん会に、みずから選んだ家族や友人、恩師らを、ゲストとして一四人まで招待できる。山中さんがゲストとして招いた愛弟子の高橋和利・京都大学iＰＳ細胞研究所講師、恩師の米グラッドストーン研究所名誉所長のロバート・メイリー教授らが一二月八日、グランドホテルでそれぞれ会見し、山中さんとの思い出を語った。

■愛弟子、高橋和利さん

山中さんは七日の記念講演で、iＰＳ細胞開発の立役者として、高橋さんと一阪朋子さん（京都大学iＰＳ細胞研究所技術員）、徳澤佳美さん（埼玉医科大学ゲノム医学研究センター特任研究員）の名前を挙げ、「彼らの努力なしにはこの場にはいなかった」と謝辞を述べた。会場でこの言葉を聞いたという高橋さんは「僕も山中先生がいなければこの場にはいない。普段から僕たちに感謝の言葉を直接述べてくれることが多いが、ノーベル・レクチャー（講演）という場で言っていただいたのは、いい思い出になった」と笑顔を見せた。

ただし、講演の点数は、山中さんの自己評価と同じ「六〇点」と辛口。「笑いをとる山中先生も好きだが、やはりサイエンスの話をしている先生がいちばん輝いている。昨日は科学の話が少なめだった」と指摘した。講演では真面目な顔でジョークを連発した山中さんだが、普段はあまり口にすることはないという。「(研究所では)言っても笑う人がたいしていないからだと思う。けっこう研究所の人は冷たいので。(よく笑っていた)ストックホルムの人たちは温かいなあと思った」と報道陣を沸かせた。

一二年前から山中さんとともに研究し、iPS細胞の開発で大きな貢献をした高橋さん。「僕を一から、根気強く育ててくださった。僕にとって唯一で、最高の指導教官」とあらためて恩師に感謝した。一方、「山中教授がノーベル賞に選ばれた理由」を聞かれると「一二年間ずっと一緒に研究しており、僕がいちばん、先生のすごさをわかっていないのかも。毎日顔を合わせているお父さんのすごさがぴんと来ないのと似た感じがする」と素朴な回答で場を和ませた。

iPS細胞の塊を実験室で最初に目にしたとき、ノーベル賞が頭をよぎったか、という質問には「全然」と否定。当時、『サイエンス』や『ネイチャー』などと並ぶ有名な科学誌『セル』で論文を発表するのが目標だったが、iPS細胞の開発でそれがかない、その時点で満足だったという。「山中先生は間違いなく、将来、患者さんの役に立てることを考えていたと思うので、そこが僕と山中先生の根本的な違い」。一方、一二年前、大学時代の友人と居酒屋に行った際、「研究者としてやっていくなら、ノーベル賞に関わるような仕事がしたい」と語っていたことを、自身は忘れていたが、つい最近、友人に言われたというエピソードを明かした。

高橋さんは受賞発表時、「山中先生と出会わなければ、人生はこんなにエキサイティングではなかった」と語っている。ノーベルウイークを受賞者のゲストとして過ごし、「あらためてこれを実感しているのでは？」という問いには、「今回のスウェーデン滞在はいい経験ではあるが、僕にとって人生のエキサイティングな出来事には入ってこない」と、意外な答えを返した。「むしろ、いままで山中先生と研究室で議論したり実験したりしてきた経験と、日本に帰ってから引き続き行う研究こそ、僕にとってのエキサイティングな部分です」。

今後の研究の抱負を聞かれると、「ｉＰＳ細胞の開発に携わった一員として、さらにいまは数少なくなった当初からの山中研メンバーとして、ｉＰＳ細胞が本当に誰かの役に立つまでは、研究をきちっとやりたい」と力を込めた。最後にあらためて「やっぱり科学者なので、将来もう一度、ここに来られたら。ノーベル賞受賞者の弟子もノーベル賞をとる確率が高いといわれている。僕もノーベル賞受賞者の共同研究者（の立場）に甘んじず、これから自分にできるかぎりの研究をして、面白い成果を発信していきたい」とユーモアを交えて語った。

■恩師、ロバート・メイリー氏

次に、メイリー教授と、グラッドストーン研究所での山中さんの同僚で友人のディーパック・スリバスタバ教授が記者会見に応じた。メイリー教授は、山中さんのアメリカ留学中、「科学者として成功する秘訣は「ビジョン（目標）とワークハード（勤勉さ）」だ」と教えた恩師だ。メイリー教授は当時の山中さんについて「彼は私の教えをとくに真剣に受け止め、粘り強く失敗から学んでいた。彼

メイリー教授夫妻と。2010年、カナダ・バンクーバーでの発生生物学マーチ・オブ・ダイムズ賞の授賞式にて（グラッドストーン研究所提供）

の目を見て、将来、抜きんでた科学者になるだろうと感じた」と振り返った。

スリバスタバ教授は、iPS細胞を経ずに皮膚細胞を心筋細胞に直接分化させる「ダイレクト・リプログラミング」に成功している。山中さんの人柄を「独創的で勇敢。若いころ、骨折を一〇回以上繰り返しても続けていたというJUDO（柔道）で培われた、格闘家の精神がある」と評した。受賞決定直後、午前二時半（サンフランシスコ時間）に山中さんから直接、受賞を知らせる電話がかかってきて驚いた、というエピソードも披露した。

六　ノーベル賞の舞台裏

■ノーベル賞コンサート

ノーベルウイークも後半に差し掛かった一二月八日午後、山中さんは、在スウェーデン日本大使館主催のレセプション、夜は、授賞式会場となるコンサート・ホールで開かれた「ノーベル賞コンサート」に出席した。コンサートは恒例行事の一つで、毎年、一流の演奏家を招いて開催される。

この日のプログラムは、ドイツのクリストフ・エッシェンバッハさんを指揮者に迎え、ロイヤル・ストックホルム・フィルハーモニー管弦楽団が、ベートーベンの「エグモント序曲」、ブルックのバイオリン協奏曲第一番、マーラーの交響曲第一番「巨人」を演奏した。

バイオリン協奏曲では、台湾出身の若手バイオリニスト、レイ・チェンさんが、艶やかで迫力ある演奏を披露。最難関といわれるエリザベート王妃国際音楽コンクール（ベルギー）を三年前に制した実力派の熱演に、会場も惜しみない拍手を送った。

レイ・チェンさんは演奏後、「受賞者の皆さん、おめでとうございます」と呼びかけ、アンコールにも応じて、会場を華やかに盛り上げた。

山中さんは、舞台正面の二階の特等席で、妻知佳さんや他の受賞者とともに、休憩を挟み約三時間の演奏を満喫した。最後には立ち上がって拍手を送り、演奏者を賞賛。帰り際、「レイ・チェンさんのバイオリンがとくに素晴らしかった」と満足そうに語った。その後、山中さんも滞在するグランドホテルで、受賞者と演奏家が同席する夕食会もあったという。

■ノーベルディナーの秘密

スウェーデン国民の関心事の一つが、授賞式後にストックホルム市庁舎で開かれる晩さん会のメニューだ。「何が出るか始まるまで秘密」という。受賞者、王室一家、世界中からのゲスト約一三〇〇人を楽しませる「ノーベルディナー」とは――。

前年のメニューは、市庁舎地下のレストラン「スタッズヒューズ・シェラレン」で予約すると味わうことができる。前菜は「ロブスターの冬野菜添えとキクイモのピューレ」。野菜の緑とロブスターの赤の取り合わせが目に鮮やかだ。主菜「ホロホロ鳥のポルチーニ茸添え」は、くせがなく軟らかい肉のうま味が存分に楽しめる一品。ポルチーニ茸とリンゴンベリーのパテが滑らかでおいしく、別の器にたっぷりの野菜とよくあうソースが添えられている。前菜、主菜ともに、量は十分で、素材の味を生かしたシンプルな味付けだ。デザートは「ホワイトチョコのムース」。白いムースの上にミカンのアイスクリームが乗り、最上部にはふわふわとしたピンク色の飴細工、まわりを囲むように赤いラズベリージャムがあしらわれ、運ばれてきた瞬間、華やかさに目を奪われる。味は繊細そのものだ。

しかも食器は晩さん会と同じものを使用しており、スプーンやフォークはメード・イン・ジャパンだ。新潟県燕《つばめ》市の山崎金属工業でつくられたものという。お値段は、各皿にあうシャンパンとワインがついて一四九五スウェーデンクローナ（約一万九〇〇〇円、税込み）。量は日本人には多めで、おなかも心も満たされる。

四〇歳のメーンシェフ、アンドレアス・ヘッドルンドさんは、晩さん会の厨房を仕切るコック長に抜てきされた。ノーベルディナーの厨房には一〇年前にも入ったことがあるが、メニューを考案するのははじめて。多忙な準備の合間を縫って取材に応じてくれた。「これまでもっとも重要で大きな仕事。注目されて緊張しているが、とても楽しい」と充実した表情を見せた。

ノーベルディナーは長いあいだ、フランス料理が主流だったが、一〇年ほど前から、ノーベル財団の希望で、地元の食材を使った現代的な北欧料理（モダン・スカンディナビアン）に変わってきた。「シンプルでフレッシュ」なのが特徴で、ヨーロッパだけでなく、和食や中華などアジア料理のセンスも取り入れた新しいスタイルになっているという。ヘッドルンドさんによれば、最近、北欧料理の評価が世界的に高まりつつあり、国際的な料理コンクールで上位に進出するようになってきたという。

ディナーの準備は四月に始まる。ノーベル財団専属の「ビッグシェフ」二人のアドバイスを受けながら試作を重ね、三～四皿のそれぞれについて、二品まで候補を絞り込む。デザートも、前菜や主菜とのバランスをみながら、担当のパティシエと一緒に考案する。晩さん会の一〇週間前に開かれる試食会でメニューが決まると同時に、一三〇〇人分の食材確保に走る。情報が漏れないよう、発注先にも守秘義務が課せられる。

調理は三七人の料理人が四日がかりで取り組む。かつては四五人が厨房に立ったが、改築されたことで入れる人数が減ってしまったとされる。ノーベルディナーへの参加はスウェーデンの料理人にとって最大の名誉とあって、メンバーに入れてもらいたいと申し出が殺到する。なかには「報酬はなしでもよい」と切望する料理人もいるという。

世界各国からゲストを招くため、宗教やアレルギーなど健康上の制約に応じて、五～六種類の特別料理も用意。オリジナルのメニューにできるかぎり見た目や味を近づける。

「たくさんの注目を浴びるが、大事なのは自分の料理に集中すること」とヘッドルンドさん。今回のメニューをそれとなく尋ねたが、「トップシークレット」。皿数すら明かしてくれなかった。

七　授賞式

■リハーサル

一二月一〇日、いよいよ授賞式当日を迎えた。山中さんはこの日午前、授賞式のリハーサルに参加するためホテルを出る際、「日本の科学者を代表するつもりで式にのぞみたい」と心境を語った。

ストックホルム到着後、ほとんどの行事への参加を控えて体調を整えていた八一歳の母美奈子さんが、授賞式に参加できることになり、「晩さん会も最後までいてくれることがいちばんの望みです」。また、研修医時代に他界した父親の形見の腕時計を着けて出席すると言い、「父もそこにいるつもりで臨みたい。亡くなって二五年になるが、やはり父が僕を医者にしてくれた。（iPS細胞が）患者さんに役に立つことを目標にやってきたので、まだ途中経過だが、今日は一緒に喜んでくれるんじゃないか」としみじみ語った。

晴れ舞台を目前に控え、「私もいろんな会に臨んできたが、今回はいつもとずいぶん違う緊張感。なんとしても倒れることなく、最後まで正気でいようと思っている」と硬い表情で話した。晩さん会について、「非常に長いようで、財団の方に、トイレにいきたくなったらどうしたらいいか聞いたら、

ノーベル賞授賞式リハーサルのため会場に入る

我慢してくださいと言われた。あまりワインなどを飲まずにやりたい」と冗談を言う余裕も見せた。晩さん会のあとに催されるダンスパーティーへの参加は、「いろんな方に聞くと、別にやらなくていいと聞いているので、その場の雰囲気で。どうなるかわかりません」とけむに巻いた。

リハーサルから戻った山中さんは一〇日午後（日本時間同日夜）、宿泊先のグランドホテルで身支度を整えた。えんび服の正装で、妻知佳さんはおしどりの柄の入った淡いピンク色の和服姿。着物は、過去の日本人受賞者の妻たちによる「会場の照明が日本より抑えてあるため、明るい色のほうが華やかでその場にふさわしい」というアドバイスを受け、一〇月末に大阪で、山中さんが選んで購入したという。知佳さんだけでなく、山中さんの母美奈子さんや姉、二人の娘、知佳さんの母など、ゲストの女性陣全員も着物を着ると言い、知佳さんは「各地からお越しの皆さんに、日本の着物を楽しんでいただければと思う」と話した。

品良く着こなした妻の晴れ姿に、山中さんは「家内はよく着物を着る機会があるので、いつもどおり似合っているなあと思っている」と少し照れくさそうに語った。自身のえんび服姿については「あまり日本人には似合わないんじゃないかな」と苦笑いしたが、知佳さんは「かっこいいです」と笑顔を見せた。

知佳さんは、山中さんと同じ大阪教育大付属天王寺中学・高校に六年間通った同級生で、皮膚科医。山中さんが一九九三年にアメリカへ留学した際は、自分の仕事を中断し、幼い娘二人を連れて同行するなど、研究者として歩む夫を支えてきた。

七日の記念講演の会場で涙ぐんでいた知佳さん。そのときの心境を、「出会ったときから今日に至るまで、つらいこと、楽しかったことのすべて、人生が、あの時間のなかに凝縮されていた。レクチャーを聴きながらいろいろなことを思い出し、とても幸せに思いました」と振り返った。

■授　賞　式

ノーベル賞授賞式は一二月一〇日夕（日本時間一一日未明）、コンサートホールで開かれた。国王一家の入場後、山中教授ら物理、化学、医学生理学、文学、経済学の各受賞者は、モーツァルトの行進曲とともに登場し、舞台に向かって左手の最前列に着席した。

式は、ロイヤル・ストックホルム・フィルハーモニー管弦楽団によるクラシックの演奏を挟みなが

授賞式を前に、妻知佳さんに服装を整えてもらう山中さん（代表撮影）

授賞式を終え、ノーベル賞の証書を手に（代表撮影）

栄光の瞬間。ノーベル賞授賞式でメダルを受け取り拍手を浴びる山中さん。左はガードン博士

ら、厳粛な雰囲気のなかで進行した。物理学賞、化学賞の授賞に続き、医学生理学賞の選考委員が、まずスウェーデン語で受賞理由を説明したのち、英語でジョン・ガードン博士と山中さんの名前を読み上げ、「あなた方の革新的な研究は、成熟した細胞を、あらゆる種類の細胞に分化できる未成熟な状態に戻せることを示し、病気の新しい診断方法や治療法の開発に非常に役立つ、新たな道具を提供した」と紹介。山中さんは、ガードン博士の次にステージ中央の「N」の字の上に歩み出ると、カール一六世グスタフ・スウェーデン国王からメダルと証書を受け取り、しっかりと握手を交わした。同時にファンファーレが高らかに鳴り響き、会場に拍手がわき起こった。

式の終了後、山中さんの家族もステージに上がり、賞の創設者アルフレッド・ノーベルの横顔を刻んだ金色のメダルを手に、何度も記念撮影に収まった。山中さんは「本当に、言葉が出ないくらい感動した。ガードン先生とこのような舞台に来られて光栄です」と高揚した表情で語った。受賞直後に

ノーベル賞授賞式。スウェーデンのカール16世グスタフ国王（手前）から医学生理学賞のメダルと証書を授与される（代表撮影、本書帯も）

一瞬笑顔が浮かんだのは、客席の母美奈子さんと目が合ったからだという。「この場に母が来られるかわからなかったので、本当にうれしく、ほっとした」と満面の笑みを見せた。

美奈子さんの隣で夫の晴れ姿を見守った妻知佳さんは「とてもとても、至福のひとときでした」と感無量の様子だった。

■晩さん会

その後、受賞者らは、車で一〇分ほどの市庁舎に移動。「青の広間」を会場に盛大に開かれたノーベル賞晩さん会に出席した。家族とともに出席した山中さんは、えんび服やロングドレス姿の約一三〇〇人が集う豪華な祝宴を堪能した。

主催するノーベル財団のアニカ・ポンチキス広報担当マネジャーは「祝典の規模は当初の約一〇倍」と話す。第一回の一九〇一年には受賞者が泊まるグランドホテルで晩さん会が開かれ、出席者は男性一一三人だった。

「青の広間」は、市庁舎でもっとも広い祝賀室。名前と異なり、煉瓦の壁面は温かみのある赤色で、照明に彩られ、陰影に富んだ美しい表情を見せる。設計時は壁を青色にする予定だったが、煉瓦の色を生かすことになり、名前だけが残った。淡い緑色の大理石の床には、六二ものテーブルがびっしりと並ぶ。テーブルを飾る豪華な生花は、毎年、ノーベルが晩年を過ごしたイタリア北部のサンレモ市から寄贈され、その数は二万三〇〇〇本に上るという。

ファンファーレの響くなか、山中さんはカール一六世グスタフ・スウェーデン国王の次女で、白のロングドレス姿のマデレーン王女をエスコートし、二階から続く階段を下りて入場。会場中央のもっとも長いテーブルに着席した。グラスには高級シャンパン「ジョセフ・ペリエ・キュベ・ロワイヤル」が注がれ、カール16世グスタフ国王が乾杯を発声した。

料理は、約二六〇人の接待係がいっせいに二階から運んだ。開宴まで秘密にされたメニューは、次のようなものだった。前菜＝北極イワナの香草締め、カリフラワーのテリーヌ添え、主菜＝赤ワインのソースがかかったキジ肉、キノコと冬野菜、ポテトのピューレ添え、デザート＝チェリーと、ピスタチオで飾ったマスカルポーネチーズのケーキ、黒チェリーのシャーベット。照明が落とされ、接待係がスパーク花火とともにデザートをサーブすると、華やかな演出に会場から感嘆の声が挙がった。全部で三皿と、コース料理としては少ない皿数だが、各皿の合間に現代的かつ幻想的なショーや、受賞者のあいさつが盛り込まれ、飽きることはない。

ショーは、スウェーデンの現代サーカスで、来日公演をしたこともある「サーカス・シルクール」が、「平和を編む」をテーマにした新作を披露。二階に続く階段や壁面で、白っぽい衣装に身を包んだダンサーが、モダンな音楽とともに、太い紐で編んだ網などを使ったアクロバティックなダンスを繰り広げた。

医学生理学賞の受賞者を代表してあいさつしたジョン・ガードン博士は、「山中教授は私が主要な仕事をした年に生まれ、いままで一緒に仕事をしたことはない。しかし、われわれの貢献が人類の苦しみを和らげるのに役立つかもしれないという、大きな希望を共有している」と述べた。

約三時間半の晩さん会後、受賞者や王族に続き、ゲストたちも二階に移動。「黄金の間」では楽団の生演奏をバックにダンスパーティーが開かれた。「黄金の間」は、陶器や金箔を使った一八〇〇万個のモザイクで飾られた、市庁舎のなかでもっとも華やかな広間だ。結局、山中さんはダンスには加わらず、奥の「鏡の間」で、妻知佳さんとともに国王夫妻に謁見したほか、リラックスした表情でガードン夫妻や他のゲストたちと談笑したり、記念撮影の求めに応じたりして過ごした。また、記者の囲み取材に応じ、「(晩さん会は)時間が長いので心配していたが、実際はあっという間に終わった。料理も素敵でしたね。適切な量で、とても上品。すべてが素晴らしかった」と感想を語った。ノーベルウイークのクライマックスを無事に終え、「生きていてよかった」という言葉も出た。

食事中、右隣に着席したマデレーン王女と、身ぶり手ぶりを交えながら談笑していた山中さん。発表されたばかりの王女の婚約を祝福したほか、和牛肉のブランドで有名な「神戸ビーフ」の話や、王女がアメリカで携わる子どものための慈善活動などについて会話が弾んだという。「すごくフレンドリーな方」と山中さん。王女からは、神戸牛の育て方について「ビールを飲ませているのか」「マッサージをしているのか」「クラシック音楽を聴かせているのでは」など、さまざまな質問があったという。

授賞式と晩さん会には、山中さんの右腕、高橋和利さんも、和服姿の妻とともに出席。ガードン博士が晩さん会のあいさつで、山中さんの共同研究者として高橋さんの名前を挙げたことを「僕のこと

スウェーデンのマデレーン王女をエスコートし、式後の晩さん会にのぞむ
（代表撮影）

を認識してくださっているだけで光栄。一生の思い出になった」と喜んだ。晩さん会について「とにかく非日常なのですごく楽しかった。これをいい経験として今後に生かすか、きれいさっぱり忘れるか、どちらがいいのか迷っている。あまりにも素敵な経験なので……」と話した。そして、今回のノーベル医学生理学賞について、「五〇年前のガードン博士の発見と、最近のｉＰＳ細胞の二つが合わさって、今回評価された。過去の発見がいかにいまに生きているかを実感した」とも語った。

日付が変わってから宿泊先のグランドホテルに戻った山中さんは「とても長い一日だったが、同時にとても充実した、本当に楽しい、あっという間の一日だった」と振り返った。かたわらの知佳さんも「本当に光栄の一言。素晴らしかった」と話した。

「科学者というのは本当に素晴らしい職業、仕事であり、楽しみだ。ぜひたくさんの子どもさん、若い人に、科学者になってもらいたい。これからは、このノーベル賞も私にとっては過去形になる。これからの研究が大切なので、一生懸命やっていきたい」と山中さん。心はすでに「次」に向かっていた。

■一夜明けて

翌一一日の朝（日本時間同日夜）、山中さんは、ストックホルム市内の王立工学アカデミーで会見した。授賞式から一夜明けたこの日を「科学者としての仕切り直しの最初の朝」と表現し、研究への思いを新たにした。

授賞式や晩さん会の感想を語る山中さんと妻の知佳さん

今後の研究について「これから本当の意味で治療への応用、とくに創薬（新薬の開発）に向けてｉＰＳ細胞を使っていただける環境づくりに貢献したい」と抱負を語った。また、研究の仕事をマラソンにたとえ、「ペースを考えゴールまで行くのが大切で、水分や食事の補給も必要。そういった栄養補給のような意味が、今回のストックホルム滞在にはあった」と、六日から続いたノーベルウイークを振り返った。

そのうえで、「失敗しないと成功できない。高く飛ぶためには思い切り低くかがまないとジャンプできない。マラソンで、もう苦しくて駄目だと思ったらゴール直前だったということもある」と、挑戦し続ける大切さを強調。「多くの方がいま、山中は絶好調と思っているかもしれないが、えらそうにそう言える状況ではない。このことは自分に対する励ましでもある」と表情を引き締めた。

「今年を漢字一文字で表現すると？」という問いには

「驚」と答え、「研究内容で予想と違う成果がいくつか得られて驚き、ノーベル賞受賞もまさに驚き。端的にいうとびっくり」と説明。渡された色紙には「初心」と書き、「今日が新たなはじまり。研究者を目指した最初の日に戻ってがんばりたい」。その笑顔は、極寒のストックホルムで時折のぞく青空のようにすがすがしかった。

会見の一問一答は次のとおり。

＊

――一夜明けての感想は？

昨日無事に授賞式と晩さん会を終えることができた。予想以上、想像以上に素晴らしい会で、そのような会に家族、とくに母とともに参加できたことをこのうえなくうれしく思っている。このような素晴らしい機会をいただいたノーベル財団とカロリンスカ研究所に心から御礼を申し上げる。

高橋君をはじめとする多くの研究室のメンバー、研究所のメンバー、これまでの恩師、家族はもちろん友人、そしてこれまで一〇年以上にわたりご支援いただいている文部科学省はじめ日本の皆様の力がなければ、この場に来ることはできなかった。そのことをあらためて感謝申し上げる。また、こちらに来る前からもノーベル財団、とくに（特別随行員の）レイニウス夫妻に大変お世話になり、ご夫妻の助けがなければ私も家族も路頭に迷っていたと思うので、御礼を申し上げる。

――受賞者として迎えたはじめての朝の感想は。

これからまた新しく、科学者としてもう一度、仕切り直しをする最初の朝だと感じている。昨日授賞式から帰ってきたら、いま頼まれている仕事の催促がきていた。もう待ったなしの状態の仕事がたくさんある。それを一生懸命やっていきたい。

――母美奈子さんと晩さん会後に話はしたか。

晩さん会が終わったあとに「本当におめでとう」と言ってもらえて、本当にうれしかった。今日はまだ寝ているだろうと思って連絡をとっていない。

――ノーベルウイークの感想を。

二五年前にいったん医者を目指して、担当した患者さんたちにほとんど何もできないままやめてしまったので、何とか自分たちの研究が別の形で役に立ったら、立てたいというのがずっと根底にある。その思いは今後も変わらないと思う。ただやはり、時間がかかる仕事なので、ずっと研究を続けること、研究開発を倒れずに続けるというのが非常に大切。マラソンで途中で全力疾走してもあまり意味がない。やはりペースを考えて、最後までゴールまでいくのが大切。研究開発は本当にマラソンに似ている。マラソンのあいだも水分補給が必要だし、食事の補給も必要なので、今回のストックホルムにはそういった栄養補給のような意味があった。

とくに母、姉と一緒に一週間以上の長い旅行をするのは生まれてはじめてじゃないか。そういう思いがけない機会を五〇歳にしていただけた。私にとっても、母や姉にとっても、一生の思い出になると思う。

——賞金の使い道は。

まだまったく決まっていない。できるだけよく考えて有効に使わせていただきたい。

——ストックホルムでやり残したことは。

カロリンスカ研究所で若い研究者に話をする機会があり、楽しみだ。やり残したことといえば、(ノーベル財団に預けてある)メダルはぜひもらって帰りたい。それは忘れないように。

——帰国して最初にしたいことは。

たまっている仕事をとにかく早く。学生や、卒業したがまだ学位をとれていない人が何人もいるので、そういう人の仕事を早くまとめたい。そうしないとほっとできない。

——山中先生にとってのノーベル賞とは何だったか。国際競争に打ち勝つことなのか、有名になることか。

ノーベル賞をいただいたことによって、iPS細胞という技術に対して非常に高い評価をいただいたと感じている。ノーベル医学生理学賞は、生理学または医学の賞。私もガードン先生もそうだが、今回の受賞はどちらかというと生理学だったのでは。五〇年前にガードン先生が、細胞の分化は一方向なのか、戻りうるのかというビッグクエスチョンに対して、戻りうるということを示された。さらに、iPS細胞によって非常に簡単に戻ることがわかった。可逆性という生理学的な発見を評価していただいたのではないか。今後はやはり、医学に本当に役に立てるか。そういうステップに移ったという、節目の出来事と感じている。

——山中先生は「ビジョンとワークハード」でこれまでやってきたが、授賞式を終えて、いま抱えているビジョンとは。

ビジョンは一貫している。基礎研究をやると決めたが、あくまで治療のための基礎研究（サイエンス・フォア・キュア）。そのビジョンのうえで、いよいよある意味で折り返し地点まで到達したと思うので、今後、本当の意味で治療というビジョンに向けて、とくに創薬というビジョンに向けて、ぜひ多くの研究者が本当の意味でｉＰＳ細胞をツールとして使っていただけるような環境づくりに貢献したい。

あと、自分がずっと研究している遺伝子、現象があり、その答えもまだ出ていない。科学者としては、その答えを出したいというのが今後のビジョンというか目標だ。

――ｉＰＳ細胞の創薬や医療応用に向けての課題は。

ｉＰＳ細胞の応用は，再生医療が非常に注目され、とくに日本では文部科学省、厚生労働省から大きな支援をいただき、世界でもトップを走っていると思う。そちらは安心しているが、じつはｉＰＳ細胞の本当の応用は，再生医療よりもむしろ創薬。そちらをどう本格化させるかというところが、これからの非常に大きな課題ではないか。厚労省や文科省も創薬に向けた支援の枠組みは開始していただいているが、創薬は一人二人の研究者でできる仕事ではないので、いかに本気で取り組むか。これからは研究者の本気度といいますか、患者さんからいただいた貴重なサンプルでｉＰＳ細胞をつくり、本当にその病気治療に役に立てるんだという強いモチベーションが必要。製薬企業を含めたコラボレーションの努力も必要だと思う。私ももともと薬理学の出身なので、創薬ということにぜひ、これまで以上に力を入れていきたい。

――今回の受賞は患者の皆さんも喜んでいる。患者へ伝えたいこと、受賞後に思いが変わったことがあれば。

受賞で思いが変わることはまったくない。時間がかかります。しかし、少しずつだが前進しているので、簡単に言える言葉ではないが、希望をもっていただきたい。いま難病で苦しんでいる方にとって一日一日が非常に大切な意味をもっていると思うが、少しずつではあるが着実に新しい治療法に向けて進んでいる。ぜひそのことは理解していただきたい。

――日本が抱える課題、あるいは日本がアメリカから吸収して学ぶことは。

日米をほぼ毎月行き来しているが、もちろん日本のほうがいいところもたくさんあると思う。私が飛行機に乗る前と降りたあとでいちばん違いを感じるのは、科学者という仕事に対する概念。アメリカに行くと科学者という仕事が多くの子どもたちや若者にとってあこがれの仕事であるような気がするが、日本ではそこまでいっていないのではないか。その違いを非常に大きく感じ、どうしたらその違いを減らせるのかとずっと考えている。なかなかそんなに単純じゃないが、やはり日本にとって、科学は非常に大きな力の一つだと思う。国土も天然資源も限られている。それはもう仕方がない。しかし知的財産はどんどん生み出せるので、そのうえからも、いかに若い子どもさんが、医師やスポーツ選手、プロ野球やサッカーの選手になりたいというのと同じようなあこがれで、科学者になりたい、と思うように変えることができるのか。私ひとりの力では及ばないことが多すぎるので、ぜひ、そういった観点から、日米の研究環境の違いを研究し、どういったかたちで日本の科学の環境を変えていったらいいかということもご検討いただけたらと、強く思っている。

――日米の研究制度・体制を比較し、日本でなんとかならないかと思うことは。

問題点はいっぱい見える。アメリカには巨大な民間の支援制度があり、国とは別の観点から評価し、これからの可能性に投資する研究費の枠組みがある。未来を評価するのは非常に大変なことだし、財源をどうするかという問題もあるので簡単ではないが、科学のシステムの違いを専門に調査し、研究する集団がいて、そういった集団が新しい日本の科学政策を、継続性をもって変えていく仕組みがあればいいなと思う。私はあくまで科学者で、支援していただくほうなので文句はいっぱい言えるが、じゃあ実際どうするんだというのは、非常に難しい問題。でも難しいとばかりも言っていられないので、違いの原因がどこにあるかを調べ、日本にどうアレンジしていったらいいかという観点、それを専門集団が考えていくことを、真剣に検討する必要があるのでは。

――政治に対して広い意味で望むことは。

継続性ということが非常に大切だと思う。今回たくさんの（記者の）方々にストックホルムまで来ていただき、日本の科学のレベルの高さを国民の皆さんに伝えていただいていると思うが、一年後、五年後はどうなんだと考えると、一年単位の進歩はなかなか目に見えるかたちで現れない。やはり五年、一〇年、二〇年単位で、いままで治らなかった病気が治るというケースが出てくると思うので、いかに継続的なサポートをしていただけるかというところが、私たちにとっては大切なポイントだ。

――倫理の問題とこれからどう向かいあっていくか。

倫理は非常に重要で奥が深い。プロフェッショナルな人材が必要だ。なんとか京都大学iPS細胞研究所にそういう部門をつくりたいが、いちばん大切なのはそこを実際に担当する人材で、それは非常に難しい。いたずらに研究を進めるだけではいけないし、逆にいたずらにノーと言って先延ばしにすることも許されない。本当に難しい仕事。この場を借りるわけではないが、そういった人材、我と思う方がおられたら京都に来てほしい。

――一般の人へのメッセージを。

いつも同じようなことばかり言っていると思うが、やはり失敗しないと成功できない。かがまないとジャンプできない。高く飛ぶためには思い切り低くかがまないといけない。マラソンでもそうだが、もう苦しくて駄目だと思ったときは、ゴールの直前だったということもある。それは自分に対する励ましの言葉でもある。いまこういう状況になって、多くの方は、山中という人間は絶好調だろうと思っているかもしれないが、本当にまだまだ皆さんにえらそうに言えるような状況ではない。自分自身のために、さっき言ったようなことをいつも考えている。

――科学者としての将来の大きな夢は。

研究をやることによって、自然が逆に、僕たちに新しいクエスチョンを返してくれている。何とかそれに答えたい。ある意味、科学は、人間と自然との間のゲームのような感覚。僕たちが一生懸命考えて、実験をして自然に問いかけると、「まだまだおまえたちは甘い、わかっていない」という感じで、思ってもいなかった問題、新しいクエスチョンを投げかけてくれる。それをまたこっちは「おお

ノーベル賞授賞式から一夜明けての心境を色紙に

っ」とびっくりして、またそれをがんばって……。圧倒的に自然のほうが偉大だ。いままでの研究で、自然から投げかけられてまだ答えることができていないクエスチョンに答えたい。その過程でまた新しいクエスチョンが出てくる、投げ返す、また自然から来るかもしれない。きっと来ると思う。また、それに答えたい。その意味から、五年後一〇年後に自分がどういう研究しているかは、僕のなかでは予想ができない。

——今年一年を振り返り、漢字一字に凝縮すると？

一文字でいうと「驚」に尽きる。まだ発表する段階に至っていないが、自分たちの予想とずいぶん違う成果がいくつか得られて、その研究内容も驚きだったし、（ノーベル賞の）受賞もまさに驚きだった。端的にいうと「びっくり」のほうがいいが、漢字にすると「驚」。

——最後に、色紙にいまの率直な気持ちを。

（「初心」と書いて）また今日が新たなはじまりですので。研究者を目指した最初の日に戻ってまたやりたい。ありがとうございました。

山中伸弥名言集メモ②

◆「研究者にとっていちばん勇気づけられるのは、難病患者にとっていますぐに治療法がないとよくわかっていて、病気が進行するなか、iPS細胞など新しい医学発見により将来治るかもしれないと希望になっていることだ。」（二〇一〇年一一月一五日、京都賞受賞後の記者会見で）

◆「科学技術が日本の将来を支える大きな柱であることは変わりないが、研究者は研究室に閉じこもっていればいいわけではない。一歩外へ出て、取り組む研究の意味を社会へ発信する努力をしなければならない。」（一一年一月一〇日、毎日新聞のインタビューで）

column

各賞受賞で注目

山中さんはノーベル賞受賞前にも国際的な賞を数多く受賞し、その研究成果は世界から高い評価を得ていた。

海外の主要な賞を次々受賞

海外の賞では、世界でもっとも権威ある医学賞の一つであるラスカー賞（アメリカ、二〇〇九年）をはじめ、バルザン賞（イタリアとスイス、二〇一〇年）、ウルフ賞（イスラエル、二〇一一年）などを受賞している。

ラスカー賞は「ノーベル賞の登竜門」「アメリカのノーベル医学生理学賞」などと呼ばれ、ウルフ賞もノーベル賞受賞者を数多く輩出している。両賞とも、受賞者がのちにノーベル賞を受賞したケースが少なくない。日本人の受賞としては、ラスカー賞は、利根川進・米マサチューセッツ工科大学教授（一九八七年、ノーベル医学生理学賞）らに次いで六人目、ウルフ賞は野依良治・理化学研究所理事長（二〇〇一年、化学賞）、小柴昌俊・東京大学名誉教授（〇二年、物理学賞）、南部陽一郎・米シカゴ大学名誉教授（〇八年、物理学賞）らノーベル賞受賞者が受賞しており、九人目。ラスカー賞ではノーベル賞と同様、ジョン・ガードン博士との共同受賞となった。

バルザン賞は日本人では、炭素からなる極小の新素材、カーボンナノチューブを発見した飯島澄男・名城大学教授が二〇〇七年に受賞。賞金一〇〇万スイスフラン（約八三〇〇万円）の半額を研究にあてるよう義務づけており、京都大iPS細胞研究所は山中さんの受賞を受けて、公募する若手iPS細胞研究者の研究費にあてるため、「山中－バルザン基金」を創設した。二〇一〇年一一月一九日の授賞式後、山中さんは「患者さんたちは、ものすごく苦しみ新技術を求めているのに、まだ何もできていない。（iPS細胞の開発は）科学としてはブレークスルー（突破）したと思うが、実用面ではまだ全然（成果が出ていない）。患者さんはいまかいまかと待っている」と自分に言い聞かせるように話した。

国内でも島津賞、京都賞

国内でも、島津科学技術振興財団の島津賞を〇八年度、稲森財団の京都賞を一〇年にそれぞれ受賞した。両賞とも歴史ある国際賞だが、山中さんはいずれも歴代最年少の受賞となった。一〇年一一月一一日に京都市左京区の国立京都国際会館であった京都賞の記念講演会は定員を大幅に超える二五二〇人の参加希望者が詰めかけ、別会場にモニターを設置する事態になった。山中さんは「人のために、という京都賞の理念をずしりと受け止め、研究を進めていきたい」と抱負を語った。

一一年一〇月二九日には、皇太子さまが京都大学iPS細胞研究所を視察され、山中さんが案内を担当した。皇太子さまは、iPS細胞の培養室や最新鋭の遺伝子解析装置などを見学。iPS細胞からつくられた心臓の細胞を、みずから顕微鏡を操作して観察し、「きちんと拍動している細胞と、拍動しない細胞があるのはなぜですか」などと質問した。休憩時間には皇太子さまの要望で若手研究者との予定外の懇談もした。山中さんは「殿下がじつに注意深く細胞を観察されていたことに驚いた。臨床への実用に向けて励ましを受け、感激した」と話した。

バルザン賞の表彰状を手に

column

【記者の目】

「大阪が生んだニューヒーロー」

野田武

科学者という言葉から感じるお堅い印象からはほど遠い、親しみやすい人柄。iPS細胞の作製で二〇一二年のノーベル医学生理学賞受賞が決まった京都大学の山中伸弥教授の、僕の印象だ。理由を考えてみたら、大勢の聴衆を前にした講演でも記者とのやりとりでも、相手を諭すように語る柔らかい大阪弁が大きな要素の一つだと気づいた。

「大阪」といえば、早口で関西弁をまくしたてるお笑い芸人、熱狂的な阪神ファンなど、どことなくどぎついイメージがついて回る。たこ焼き、串カツなどのB級グルメや「食い倒れの街」を連想する人も多いだろう。だが、大阪で生まれ、長く暮らした僕にとっては、こういう人当たりの柔らかさこそが、本当の大阪人らしさだと思う。それを図らずも示してくれた山中さんは大阪が生んだニューヒーローなのだ。

山中さんの人生の大半は大阪、なかでも下町と深い関わりがある。青春時代を過ごした大阪教育大学付属天王寺中学・高校、基礎研究に転じたのち助手として働いた大阪市立大学医学部はいずれも、天王寺駅を中心としたかいわいにある。

路面電車が行き交い、通天閣がそびえる新世界もこの一帯にある。キタやミナミの繁華街とは違って、昼間でもどことなくのんびりした空気が流れる街だ。この街の穏やかさが、山中さんを育むのに一役買ったように思える。

下町と関係深いiPS細胞誕生

大阪科学環境部で働いていた四年ほど前、山中さんが母校の大阪市立大学で学生たちに講演をするというので取材した。講演が終わり、「古巣」の先輩たちと連れ立って山中さんが足を運んだのは、大学近くの小さなお好み焼き屋さんだった。当時すでに「ノーベル賞候補」とうわさされていたが、そのイメージとお好み焼きのギャップがほほ笑ましかった。院生時代の山中さんを指導した薬理学教室の岩尾洋教授によると、毎年六月に開

かれる研究室の同窓会にもしばしば顔を出すという。

山中少年が育った東大阪市は「歯ブラシからロケットまで」といわれるものづくりの街だ。ここの町工場の人々が力をあわせて打ち上げた人工衛星「まいど1号」はニュースにもなった。山中さんの実家も、ミシン工場を営んでいたという。そういう環境は、のちのiPS細胞研究とも関わりがある。iPS細胞作製に使った四種類の遺伝子は二四種類のなかから選ばれたが、もともとはコンピューターを使って二万数千種類から絞り込んだものだ。山中さんがそのコンピューターに詳しくなったのは大学生のころ「部品のデータベースをつくりたい」という父の願いをかなえるためだった。

「プログラムを自分で組んでやったのがコンピューターとの出会いで、そのときからすごく好きだった」と、山中さんは著書で振り返っている。いったん志した臨床医から基礎科学に転じたのも「技術者だった父親が、いろんな部品を工夫してつくっていた。自分で工夫してやるというのにすごく憧れていたのがもともとあった」という。

iPS細胞という、教科書を書き換えるような業績はいうまでもなく素晴らしい。だが、山中さんのこうした経歴や背景も、多くの人の共感を呼ぶポイントになっている。

山中さんが在籍する京都大学は、湯川秀樹に始まるノーベル賞の「殿堂」だ。もはや京大からノーベル賞受賞者が出てもさほど珍しくない。だが、京大教授になっても大阪に住み続け、妻を「大阪のおばちゃん」にたとえて記者たちを笑わせるのは、山中さんならではのスタイルだ。科学記者として多くの研究者に会ってきたが、これだけ人の心をつかむのが上手な研究者はそう多くないと思っている。

研究力底上げへ　好影響を期待

山中さんという新しいヒーローの登場は、これからの科学にいい影響をもたらすだろう。子どもの理科離れ、論文の不振など、科学研究における日本の将来が心配されている。それを打開するさまざまな政策と同じぐらいに「山中さんみたいな研究者になりたい」というあこがれが科学の担い手を増やし研究力を底上げする力になるかもしれない。もう有名になったが、手術の手際の悪さから医師として挫折を味わい、それを乗り越えて栄誉を手にした人間らしいエピソードも困難に立ち向かう希望を与えてくれるだろう。

「賞をいただき、研究のかじ取り、けん引役を任命されたと思っている」と話す山中さんの視線の先には、再生医療や創薬への応用がある。これからもずっと、大好きという大阪から日本の科学を引っ張っていってほしい。

（二〇一二年一〇月一八日の毎日新聞朝刊から）

時代を駆ける

——山中さんの思い

扉写真：山中さんのノーベル医学生理学賞受賞を報じる毎日新聞号外

一　時代を駆ける

ものすごいスピードで、時代の寵児となった京都大学ｉＰＳ細胞研究所の所長、山中伸弥教授。一気に頂点に駆け上がったように見えるが、じつはその陰に幾多の挫折と苦悩があったという。山中さん自身が、ノーベル賞受賞決定のほぼ一年前、顔なじみの毎日新聞記者に飾らない言葉で思いのすべてを語った。インタビュー記事は二〇一一年九月二一日～一〇月一日に計八回、毎日新聞の全国版で連載し好評を博した。その連載「時代を駆ける」を、一部加筆して再録する。

■分刻みの日程　欠かさぬランニング

あらゆる細胞に変化する「万能細胞」が、マウスの皮膚細胞にわずか四種類の遺伝子を入れるだけでできた——。二〇〇六年のｉＰＳ細胞の登場は世界を驚嘆させた。開発した山中さんは、一〇年春に新設された京都大学ｉＰＳ細胞研究所の所長として、約二〇〇人の研究者・スタッフを率い、研究の最前線を走る。

〈この五年で、ラスカー、ガードナー国際、京都、ウルフ各賞など、ノーベル賞の登竜門とされる科学賞を総なめにした〉

ふつうなら、出て間もない成果は選ばれない賞ばかり。異例の評価ですが、僕自身ではなく、技術そのものに対する評価だと思っています。その後、が一んと進んだことも大きい。研究の進展は、〇七年にヒトでのｉＰＳ細胞作製を発表したときの予想をはるかに上回ります。研究所は、一年前はだいぶ空いているところも多かったんですけど、いまはどうやって場所を見つけるかというくらい、ぎゅうぎゅうになっています。ようやく体制が整い、成果を出していくことに集中できる状況になりました。

〈超多忙である。分刻みのスケジュールをこなし、毎月一度は海外へ〉

たしかに忙しいといえば忙しいですけど、数年前に比べると支援体制はものすごく充実しているので、昔みたいに毎晩ほとんど寝ないみたいなことはあまりない。ま、時々はありますけど、いちおうベッドには入っていますので、肉体的にはずいぶん楽です。ただ、研究所の運営や、一一年度も三〇億円近くの税金で支援していただいているので、その成果をどうやって出していくかとか、精神的な負担はいまのほうがありますね。

〈趣味はスポーツ。日課のランニングはもっともほっとする時間という〉

昼休みに鴨川沿いを約三〇分、寝不足でも二日酔いでも。時々ですがゴルフもしますし、ジムにも行きます。一一年一〇月には約二〇年ぶりにフルマラソンを走りました。

研究はマラソンに似ています。フルは四、五回走っていますが（過去にやった）柔道やラグビーとはちょっと違いました。勝ち負けだけじゃない。一〇位でも一〇〇位でも、完走して自分の記録を一秒でも早める、そういう別の意味があります。いま私たちがやっている研究は、海外の超一流大学との競争になっています。研究で負けるというのは論文発表で先を越されることなんですが、たとえそうなっても、あきらめず最後まで走り抜き、きちっと論文や特許を出していく。研究者にはそういう使命があります。

■技術者の血

〈姉弟の二人きょうだい。両親は、東大阪市でミシンの部品をつくる町工場を営んでいた〉

共働きでね、父の仕事を母が手伝って、二人ともとても忙しかったので、僕は基本的にほったらかしというか。鍵っ子ですから、やりたいことは何でも好きにさせてもらえました。あまり塾に行った覚えもない。虫（を捕る）よりは何かつくったりするほうが好きな子どもでした。

父は経営者ですけど、技術者としての姿が目に焼き付いています。僕は大学生のとき下宿していましたが、父と母は工場と同じ所に住んでいて、夏休みとかに戻ると働いている姿を見るわけです。父は（製品を）やすりで削ったりとか、最後のほうまで自分で工夫してやっていました。自分も研究者ですけど、どちらかというと技術者の血のほうが強い。技術をどんどん開発するほうがあっているような気がします。

〈中高一貫の大阪教育大学付属天王寺中学・同付属高校天王寺校舎での学生生活は充実していた〉

わりと自由な校風でした。何人かの先生に「スーパーマンになれ」とよく言われました。勉強だけできても駄目だと。それがすごく体にすり込まれています。（中学から始めた）柔道をものすごく一生懸命やっていましたし、高校のときは「枯山水」というフォークバンドを組み、学園祭に毎年出ました。

その経験が、研究を始めてからすごく生きて。アメリカでポスドク（博士研究員）をしたときは、どうやって人の三倍くらい研究するかと考え、実行するのが快感でした。研究室の実験機械を全部予約して、違う条件で一気に実験したこともあります。もちろん空いているのを確かめてやったんですが、まあ独り占めしているわけですから、ひんしゅくを買いましたね。

〈柔道や、神戸大学医学部時代に打ち込んだラグビーでは、けがが日常茶飯事だった〉

いちばんの重傷は大学で膝の靱帯を切ったことですが、それ以外にも鼻や足の指、手首など骨折だけで一〇回以上しているんですね。そのたびに整形外科のお世話になりました。中学生のころから父に「医者になれ」とずっと言われていたこともあり、高校二年くらいのときには「整形外科医になろう」と思っていました。大学三、四年ごろには、スポーツ外傷を治す専門医になるというはっきりしたビジョン（目標）ができました。

■整形外科医として挫折

〈神戸大学医学部を卒業後、整形外科医を目指して研修を始めたものの、無力感に襲われた〉

整形外科は、自分のようにスポーツでけがをした人を治し、元気にして送り出すという明るいイメージがあったんです。でも、整形外科の領域のなかでスポーツ医学はほんの一部。大多数の患者さん

1981 年 4 月 10 日、神戸大学の入学式にのぞむ。左は中学以来の友人、平田修一さん（平田修一さん提供）

1983 年 4 月 1 日、中学・高校時代の仲間でつくる「壱發野郎乃會」にて。左から 3 人目が山中さん（平田修一さん提供）

2010 年 9 月 19 日、友人らとともに神戸大学時代に通った串かつ店を再訪（平田修一さん提供）

は関節リウマチや骨肉腫、脊髄損傷など、状態が悪化していくことの多い病気やけがでした。

最初に担当したのは慢性関節リウマチの女性。みるみる悪化し、やせて寝たきりになりました。枕元にふくよかな女性が写った写真があったので「妹さんか誰かですか」と聞いたら、「先生、それ一、二年前の私です」と言われ、驚きました。

僕は手術が下手で、他の人がやったら三〇分で終わる手術が二時間くらいかかったんですね。でも、手術の上手な先輩でも治せない病気があるという現実を痛感しました。医者になってから知るのも、ちょっとお恥ずかしい話なんですけど。

研修医の二年間は、その間に父親を亡くしたこともあり、非常につらい時期でした。治らない患者さんを多く診るうち、こういう人を治せるとしたら基礎研究だろうな、と思いました。

〈いったん基礎医学を学ぼうと、大阪市立大学大学院に進学。薬理学の研究室を選んだ〉

臨床とはまったく違う世界でした。整形外科は職人芸的で、手術も決まった手順があり、それ以外は許されません。研修というより修業といった感じで、最初は面白いですが、単調に感じてしまうこともありました。

基礎研究では、真っ白なカンバスに何を描いてもいい。非常に大変だけど自由でした。よく先生に言われたのは、基礎研究は、どんなに小さなテーマでも、本人にとっては世界との競争だということです。大学院生でもよい論文を書けば、世界中の人に読んでもらい、影響を与えられる。外国の人と競いながら交流もし、友人もできる。そういうところを魅力に感じました。

最初は臨床に戻るつもりが、だんだん、もうちょっとやりたいと思うようになりました。一〇年二〇年がんばったら、いま治せない病気の人を治せるようになるかもしれないと。「基礎研究でがんばる」という、新しいビジョンができました。

■ビジョンとワークハード

〈大阪市立大学大学院を修了した九三年からアメリカに留学した〉

『ネイチャー』などの科学誌に載っているポスドクの公募広告に片っ端から応募し、最初に呼んでくれたサンフランシスコのグラッドストーン研究所に決めました。生まれてはじめてサンフランシスコに行きました。住環境がよく、日本人も多い街でした。

アメリカで習ったいちばん大切なことは、研究者として成功するには「ビジョンとワークハード」、つまり目標をはっきりもち、一生懸命やることです。当時のロバート・メイリー所長が教えてくれました。これは当たり前のようで難しい。日本人は勤勉なので一生懸命働くことは得意です。でも、ビジョンがなければ無駄な努力になってしまう。当時の僕も、ワークハードでは誰にも負けない自信があり、目の前の目標もあったけれど、気がついたら長期的なビジョンは見えなくなっていました。以来、五年、一〇年単位のビジョンをもつことを忘れないようにしています。

もう一つよかったのはＥＳ細胞に出会ったことです。ほぼ無限に増やすことができ、神経や筋肉など体を構成する二〇〇種類以上の細胞のすべてに変化できる「分化多能性」という能力をもっている。

本当に面白い細胞で、夢中になりました。

〈三年後に帰国し、大学でマウスES細胞の研究を続けたものの、危機に直面する〉

数年後、「ポスト・アメリカ・ディプレッション（PAD）」、日本語で「米帰国後うつ症候群」という病気になっていました。私が自分で名付けた病気で、まだどこの医学書にも載っていませんが。研究費はなく議論の相手もいない。ネズミの世話も専門の担当者がいたアメリカと違い、全部自分でやるしかありません。実験用のネズミを二匹、アメリカから持ち帰ったんですが、一カ月で二〇匹、半年で二〇〇匹と本当にネズミ算式に増え、自分が研究者なのか、ネズミの世話をする人なのかわからなくなりました。

薬理学教室にいたのでまわりはすぐに薬につながる研究をしている人ばかり。そのなかでネズミの細胞で基礎的な研究をしているわけですから、かなり浮いてしまって。いろんな人から「もっと医学に関係することをやったほうがいいんちゃうか」と言われ、自分でも「何か人の役に立っているのかな」と自信がなくなっていきました。半分うつ状態になって朝も起きられなくなり、研究をやめる直前までいきました。

■危機を救った二つの出来事

〈一時は研究をやめようと思った山中さんを二つの出来事が救った〉

まず、九八年にアメリカのジェームズ・トムソン博士がヒトES細胞の作製に成功したことです。

ＥＳ細胞から神経や心臓、膵臓《すいぞう》などの細胞を大量につくりだし、その元気な細胞を、いろんな病気やけがの患者さんに移植すれば機能回復を図れるんじゃないか、再生医学に使えるんじゃないかということが期待されました。そうか、僕がやっているマウスＥＳ細胞の研究は、これだけ医学に役立つ可能性があるんだと、すごく興奮したことを昨日のことのように覚えています。

もう一つは、九九年に奈良先端科学技術大学院大学で、はじめて自分の研究室をもたせていただいたことです。助教授の公募を見て、これでだめだったら今度こそあきらめようというつもりで応募したら採用されました。

この二つの出来事で、何とかＰＡＤを克服して、もうちょっと研究を続けてみようという気になりました。

〈着任したのは三七歳の冬〉

入ってすぐ、翌春入ってくる大学院生約一二〇人を二〇の研究室で奪いあうことになると知り、頭を悩ませました。無名の若造の、しかも教授がいない弱小研究室を選んでもらえるだろうかと。「そうだ、夢のあるビジョンを示せば来てくれるかもしれない」と考え出したのが、ヒトＥＳ細胞が抱える課題を克服する、という目標です。

〈ヒトＥＳ細胞は期待される半面、生命の芽生えである受精卵を壊してつくることから倫理的な問題があるとして、研究に使うことに根強い反対の声がある。患者自身の細胞ではないため、ＥＳ細胞から変化させた細胞を移植すれば、強い拒絶反応が起こる可能性も〉

患者さん自身の体の細胞を、時計の針を逆戻りさせるように受精卵同様の状態に変化させ、ＥＳ細胞と同じような万能細胞をつくる、というテーマを掲げたんです。私も基礎研究を始めて一〇年以上たっていたので、これは「言うはやすし」だけれども二〇年三〇年かかる、もしかしたらできないかもしれない、とわかっていました。

でも、そういうことはいっさい言わずに、できたらどんなに素晴らしいかをとうとうとアピールしたところ、無事に三人の学生さんが、だまされたというか入ってくれました。その一人、高橋和利君は、いまも私と一緒に研究を続けています。

■二四個の遺伝子

〈「受精卵を使わずに、ＥＳ細胞のような、あらゆる臓器や組織の細胞に変化する万能細胞をつくる」。そんな夢のような目標を実現するヒントは、一頭の羊が提供した〉

九六年にイギリスで生まれた体細胞クローン羊のドリーです。おとなの羊の乳腺細胞の核を卵子に入れて、ドリーが生まれた。つまり、ミルクをつくる能力しかない細胞の核のなかに、羊の全身をつくりだす設計図、全遺伝情報が残っていたということです。

この設計図は、三万ページの本にたとえられます。そのうち一万ページほどに載っている内容で細胞がつくられ、ページの組み合わせによってまったく違う細胞ができる。大事なのは、どのページを開くかを決める「しおり」に相当する遺伝子です。

もし、ＥＳ細胞で働いている「しおり」の遺伝子を探し出し、体の細胞に無理やり入れれば、ＥＳ細胞をつくるためのページが読まれ、細胞の性質が変わるんじゃないか。単純な発想ですが、理論的にはできるという確信がありました。四年ほど研究を進め、「しおり」の遺伝子を二四個まで絞り込みました。

〈京都大学に移籍した翌年の〇五年夏、二四個すべての遺伝子をマウスの皮膚細胞に一度に入れる実験を試みた。通常一つずつ、多くても数個ずつ入れるのが常識。のちに「大胆」と驚かれた〉

僕も高橋和利君も、試しにちょっと遊び心でやってみようというくらいの気持ちでした。（二四個のなかに、探している遺伝子が）あったらいいなとは思いましたが、そんなに運がいいわけないと。最終的には一万個くらいの遺伝子を調べないとだめだと思っていて、その準備も着々としていたので、その前の練習、というような感覚もありました。

「先生、生えてます！」。ある日、高橋君が部屋に飛び込んできました。シャーレのなかに、ＥＳ細胞に似た丸い細胞の塊がありました。

それまで、一見うまいことといったように見えてすごく喜んで、繰り返してみたら間違いだったということは何度もありましたから、今回もたぶんそうだろうと。もちろん「ほーっ」とは思いましたけど、高橋君に「ぬか喜びせんと、とにかく繰り返そう」と言いました。何度繰り返してもできる。それでも、どこかに落とし穴があるんじゃないかという恐怖感のほうが強かったですね。

〈確信が深まったのは、さまざまな細胞に変化する「多能性」があるかを調べるため、できた細胞をマウスの

〈皮膚のすぐ下に注射して、腫瘍《しゅよう》（テラトーマ）をつくる実験をしたときだった〉

腫瘍の中身を顕微鏡で見たとき、軟骨とか筋肉とか、いろんな細胞ができているのを確認できたんですね。その瞬間、「ああこれは相当、ＥＳ細胞に近いものができているんだな」と、はじめて思いました。それがいちばん、「そうか」という瞬間でしたね。

■ｉＰＳの「ｉ」

〈二四個の遺伝子から不可欠な四個に絞り込み、できた細胞をｉＰＳ細胞と名付けた〉

「人工多能性幹細胞」の英語表記の頭文字です。ｉだけ小文字にしたのは、携帯音楽プレーヤーのｉＰｏｄなどからヒントをもらっています。

〇六年八月に科学誌『セル』に論文が掲載されて間もなく、アメリカでシンポジウムに参加したんです。宿舎のバーで飲んでたら、知り合いのヨーロッパの研究者たちが「あの論文、読んだか」「四つ（の遺伝子）でできるなんて、そんなのありえない」と話しているのが聞こえてきました。僕が寄っていくと、「おおシンヤ、おったんか」って（笑）。ああやっぱり、みんな疑いの目で見ているんだなあと。まあ、それは予想できたことでした。あまりに方法が簡単すぎるので。僕が逆の立場でもそう言うと思います。でも、僕はそのとき、論文で発表していた以上に、ｉＰＳ細胞がＥＳ細胞にそっくりだという、未発表のデータをもっていましたから、そういうことを言われてもよかったんです。

〈本格的な研究開始からわずか六年での成功〉

ジョン・ガードンさんのカエルのクローンや、イアン・ウィルムットさんのクローン羊ドリーなどの先駆的な仕事があり、だったら皮膚細胞もＥＳ細胞のような細胞に変わるんじゃないかと、そう思って始めました。目標を立てて戦略を考える段階では、たくさんの日本人研究者の仕事に助けられました。ＥＳ細胞と成熟した体細胞を融合させた京都大学の多田高先生の研究や、理化学研究所の林崎良英先生がつくったＥＳ細胞で働く遺伝子を網羅したデータベース、さらに東京大学の北村俊雄先生が開発した、遺伝子を細胞に組み込むための便利なウイルスなど、素晴らしい成果や技術がちょうど発表されて。タイミングがかみあったのは本当に運がよかったと思います。

研究をやめかけたとき、奈良先端科学技術大学院大学に拾ってもらい、一度死にかけたんだから何か面白い、難しいことをやろうと思った。そのタイミングもよかった。僕の大胆な、たぶんうまいこといかないような思いつきにもかかわらず、研究室の人たちが本当に一生懸命実験をしてくれました。それぞれがたまたま一カ所でクロスした。それぞれのピースがどれか一個欠けても、ｉＰＳ細胞はいまだに、少なくとも僕のところでは絶対にできていないと思います。

■ｉＰＳ細胞は自分の子ども
〈〇七年一一月には、人の皮膚細胞からも同様の手法でｉＰＳ細胞をつくったと発表した〉

培養方法にちょっとした工夫をしました。本当はもう半年くらい実験して、年明けに論文を投稿しようと思っていました。でも一〇月にアメリカに行ったとき、「誰かが投稿しているらしい」と耳にし、「これはゆっくりしていられない」と慌てて帰りの飛行機のなかで論文を書き上げました。結果は、アメリカのチームと同時でした。

ヒトiPS細胞を心臓の筋肉に変化させ、それが拍動を始めたときは、これは間違いない、すごいなと思いました。チームで何人もかかって粘り強く実験をした結果。僕は駅伝の監督と一緒で自分では実験をしないので、皆ようやったなあ、あきらめずによくがんばったなあと。

予想よりはるかに簡単な方法でiPS細胞ができたことで、人間や動物の体にはまだまだわかっていない現象や力があるとあらためて認識しました。科学技術の可能性もあらためてすごいなと。いまの夢物語が、三〇年後にはできるようになるかもしれません。研究者が自分で壁をつくってはだめ。今後もいろんな人の地道な研究を積み重ねていけば、あるところでパーンとはじけるのではないか。そういう期待を強くもつようになりました。

〈二一年夏、アメリカとヨーロッパで作製技術に関する京都大学の基本特許が成立した〉

ほっとしました。もし少数の企業に特許が独占されれば、応用が遅れる恐れがありますから。研究同様、知的財産でも素晴らしいチームに恵まれ幸運でした。

iPS細胞でいちばん幅の広い使い方は、患者さんのiPS細胞から特定の細胞をつくりだし、試験管内で薬の効き目や副作用の予見をすることです。ツール（道具）として使っていただき、新しい薬が一つでも二つでもできてほしい。iPS細胞からつくった組織を移植する再生医療についても、実現に向けて安全性の課題を克服していきたい。本当の意味で患者さんの役に立つ技術にもっていきたいという気持ちが研究の原動力です。

〈研究の合間を縫って、難病患者との交流を続けている〉

患者団体の集まりに参加したり、友人や知り合いの患者さんと会ったり、いろんな場面で思いを受け止めています。いろいろ教えていただくが、いちばん勇気づけられるのは、すぐには治療法がない患者さんにとって、ｉＰＳ細胞を含むいろいろな発見が生きる希望になっているということ。あるお母さんから「ｉＰＳ細胞ができて、本当にがんばったら治る時代が来るんじゃないかと思った」と言っていただいた。そうやって励みにしてもらっていると知るのはありがたい。大変なのはお子さんとご自分なのに、私たち研究者の健康まで気遣っていただいたのもうれしかったです。

僕は基本的に飽きやすい性格で、すぐに新しいことをしたくなってしまう。いままでは、好きなことをやっていたらいい、僕の人生や、という感じだったんですけど、ｉＰＳ細胞と出会ってからはそうはいかない。当面は、自分の「子ども」であるこの技術を守り、ちゃんと成人するまで育てていきたいと思います。

二　受賞決定

■毎日新聞編集局

大阪市北区梅田三丁目にある毎日新聞大阪本社一四階の編集局には、いつもと違う緊張感が漂っていた。ノーベル賞発表日の待機は、毎年の恒例行事だが、山中教授に対する評価はきわめて高く、スウェーデンの地元紙も受賞者予想で「ヤマナカ」を有力候補に挙げている。社会部と科学環境部のフロアには、受賞の一報とともに取材先に走る記者がすでに三〇人近く集まっている。京都大学にも約一〇人。その他の大学・研究機関で待機する記者たちも、その瞬間を待っていた。

二〇一二年一〇月八日午後六時半、ノーベル賞の公式サイトをチェックする社会部、科学環境部長を兼務する砂間裕之をはじめ、英語が堪能な渋江千春がノーベル財団の公式ツィッターをチェック。そのほかの記者たちもホームページに必死にアクセスするものの、全世界で同じことをしている人たちが数え切れないほどいるのだろう。ホームページ更新に時間がかかっていた。「山中さんの受賞はまだ早い。今年は絶対ない」と公言していた砂間だが、それにはちょっとしたジンクスがある。

砂間が科学環境部でノーベル賞を担当した通算五年間で日本人受賞者はゼロ。毎年同じように公式サイトをチェックしたが、外れっぱなしだった。ところが担当が変わると、日本人が不思議と受賞する。

科学環境部を外れた二〇〇〇年に白川英樹さん（化学）、〇一年に野依良治さん（同）、〇二年には小柴昌俊さん（物理学）と田中耕一さん（化学）が三年連続で選ばれたのだ。

その後、〇四年四月にふたたびノーベル賞担当の科学環境部に戻ったが、〇四年から〇七年まで四回めぐってきたノーベル賞で、日本人受賞者は一人も出なかった。毎年ため息をつきながらノーベル賞の公式サイトを閉じるのがつねだった。その後の受賞ラッシュをみると、とことんついていないことがわかる。科学環境部を離れた〇八年には、南部陽一郎さん、小林誠さん、益川敏英さん（いずれも物理学）と、下村脩さん（化学）の四人が一気に受賞。一〇年には鈴木章さん、根岸英一さん（いずれも化学）の二人が栄誉を手にした。

「自分がノーベル賞に関わると日本人受賞者は出ない。どうせ俺には運がない」。砂間の心のなかでは、ジンクスはもはや確信に変わっていた。

ホームページでネット中継が始まると、違う部署の記者もそのまわりに集まり、パソコンの画面を見つめた。声は聞こえるが聞き取るのは難しい。ほどなくして、「山中教授だ！」との声が飛ぶ。同時に毎日新聞が加盟する共同通信の連絡スピーカーからは、最大級のニュースを配信する際に鳴らされる鐘がフロアに響き渡り、山中さんが選ばれたことを伝えた。「ウオーッ」。歓声に包まれた編集局フロアでは、「よっしゃ」という掛け声とともに、すぐに記者たちが分担された取材を始めた。

フロア全体が興奮に包まれたときも準備に追われていたのは、ノーベル賞担当デスクの今西拓人《たくと》だ。大阪本社管内（近畿、北陸、中国、四国）の研究者が受賞した際に手直しして使う予定稿のチェックに追われていた。今西には、ほろ苦い思い出がある。科学環境部の一線記者だった〇二年、ノーマークだった京都・島津製作所の研究員（現・シニアフェロー）、田中耕一さんが化学賞を受賞。研究内容はおろか、名前にも心当たりはなく、原稿はゼロから執筆しなければならなかった。

「あのときはまったくの想定外で、何の準備もしていなかった。大慌てで取材し、バタバタと原稿を書いた記憶しかない」

その経験があったからこそ、今西はいつも万全の準備を整えたいと考えており、この日もぎりぎりまでチェックしていた。「興奮する気持ちを抑えられなかった」。そう振り返る今西は、十分な心の準備がないまま、怒涛の原稿処理になだれ込んだ。

逆に、科学環境部の江口一《はじめ》は、自分でも不思議なほど高揚感を感じていなかった。「まだ機は熟していない気もするけど……」。口にしかけたが、そんなことを言っても始まらない。もっとも締め切りの早い版まで、三時間あまり。次々に原稿をさばかなければ間に合わない。電話がじゃんじゃん鳴り始め、感慨にふける間もなく作業に追われた。

そのころ科学環境部でもっとも若い畠山哲郎は、牧野宏美ら社会部員三人とともに神戸市内の研究施設で、別の研究者の受賞に備えて待機していた。「まさかこんなに早く受賞するなんて！」。他社の記者たちに負けじと外に飛び出し、本社に向かった。

そんなドタバタの部下たちを横目に、本来、紙面づくりの指揮を執るべき砂間は、山中さんへの単独インタビューのため、京都に向かうことになった。英語で書かれたプレスリリースの受賞理由を、渋江に翻訳してもらい、頭にたたき込む。

「ついに俺も引き当てたか。それにしても、まだ臨床応用されていない研究が受賞するとは。山中さんはやっぱりすごい。自分と同い年なのに、なんでこんなに違うんやろ……」

苦笑いして本社を飛び出した。砂間は山中さんをもっとも長い時間、ウォッチしてきた科学環境部の須田桃子の、ある予言に感心していた。

■予言?!が当たった

京都市左京区の京都大学本部棟。すぐ近くにある京大のシンボル、時計台の文字盤が暗闇に浮かび、報道陣の乗りつけたタクシーが周囲を埋めつつあった。

須田は、社会部や京都支局の記者とともに本部棟五階の会見場で待機していた。発表の時刻が近づき、報道各社の記者がパソコンを広げる。ノーベル財団の公式サイトを開くがなかなかつながらない。運よくつながった社会部の小林慎のまわりに集まり、ネット中継に見入った。

まず、最初に読み上げられたのは、イギリスのジョン・ガードン博士だ。その直後だった。誰かが「山中さん来たーっ。ガードンと一緒だ」と叫び、会場は一瞬にして騒然となった。今年はガードン博士による世界初のクローンカエル発表から五〇年の節目だ。「やはりそうだったのか」。須田は、自分の予言を思い出した。

じつはこの日、京都に向かう直前、本社で部長の砂間に問いかけられた。

「準備は完璧か？　山中さん、さすがに今年はないやろ」

「いやあ、ガードンさんのクローンカエルの発表から、今年でちょうど五〇年のタイミングなんです。細胞の初期化という共通点で共同受賞はあるかもしれませんよ。ラスカー賞と同じ組み合わせで」

ラスカー賞とは、アメリカ医学界最高の賞で、一九四六年に創設。六八人の受賞者が、その後ノーベル賞を受賞しており、ノーベル賞の登竜門ともいわれている。〇九年にガードン博士と山中さんは共同受賞しており、須田がひらめいたのは、そのときと同じ組み合わせでの受賞だった。

「なるほど。ラスカー賞と同じねえ。あるかもしれないねえ」。そう言って、砂間がうなずいたのを須田は覚えていた。

その予言どおり、山中さんとガードン博士の共同受賞が決まり、須田の高揚した気持ちは抑え切れないほどになっていた。読みが的中したからではない。〇六年にマウスのiPS細胞を開発したときの会見ではじめて聞いた、山中さんの明快で生き生きとした説明を思い出したからだ。そして、〇七年にヒトiPS細胞を発表してからのめまぐるしい研究の進展を見続けた須田にとって、この場に居合わせた幸運を心の底から感じたからだった。

席に戻った須田は、長い夜になると感じていた。会見が始まるまでは一時間以上ある。京都駅で買っておいた、おにぎりをほおばりながら、会見で何を質問しようか考え始めた。

■会　見

時計台が七時五〇分を指したころ、大阪から飛ばしてきた一台の車がキャンパスに滑り込んだ。報道陣のタクシーは一時間前の一報より大幅に増え、受賞を聞きつけた学生たちも集まっている。本部棟五階の大会議室には、二〇〇人を超える記者やカメラマンが主役を待っていた。ストライプの入ったグレーのスーツに身を包んだ一メートル八〇センチを超える男が入ってくると、いっせいにシャッター音が響き、ストロボの閃光の先には、緊張気味の山中さんがいた。

京都大学では、多数の報道関係者に囲まれ記者会見がおこなわれた

多くのノーベル賞受賞者を輩出している京大だけに、受賞時の準備は完璧だった。記者会見とその後の報道機関の個別取材などを事前に設定。しかし、そのぶん、時間はきっちり区切られ、延長はいっさい許さない方針だ。

予定された会見は一時間だけで、松本紘《ひろし》・総長と、吉川潔、小寺秀俊の両副学長が同席した。冒頭、野田佳彦首相から電話が入り、会見途中に田中真紀子文部科学相からもお祝いの電話があった。そのやりとりがテレビカメラの前で繰り広げられるという、うれしいハプニングもあった会見。ここで山中さんと報道陣とのすべてのやりとりを再現しよう。

■野田首相から電話

山中さん　（野田首相からの電話に対し）京都大学の山中です。ありがとうございます。国を挙げてご支援していただいて、ありがとうございます。大変お忙しいなか、ありがとうございます。

松本総長　すでにご存じと思いますが、本学の山中教授がノーベル医学生理学賞を受賞しました。本当にうれしくて涙が出そうです。国際会館（国立京都国際会館）で会議中に連絡を受けましたが、日本全体が喜んでいることと思います。今回の受賞には多くの方々が協力してくれました。心からお祝い申し上げたい。山中さんは研究チームでの成果と言いますが、それは山中先生のお考えがあってのことで、大変誇らしい思いです。待ちに待ったノーベル賞です。iＰＳ細胞という生物学の常識を覆すような素晴らしい発見で、再生医療にも本当に役立つものです。社会におおいに貢献できるもので、京都大学としても誇りに思います。

山中先生が二〇〇六年八月に発表され、〇七年にはヒトの細胞で樹立しました。〇八年にiＰＳ細胞研究センターを設立し、その後研究所を設立しました。わが国の経済は、けっしてよくはないですし、研究者の経済もよくありません。山中先生、若い研究者におおいに励みになる成果だと思います。京都大学では八人目の受賞になります。益川、小林先生以来のことです。山中先生の研究は、わが国発の研究で胸を張れます。世界に通用する人材として、山中先生の受賞を契機に、ますます世界で活躍できる大学にしたいと思います。

山中さん　ノーベル賞の受賞は、何時間か前にスウェーデンから電話をいただき知りました。名目上は山中が受賞したことになっていますが、私が受賞できたのは、日本という国に支えていただいて、その支援がなければこんな賞は受賞できなかったと、心の底から思いました。まさに、日本という国が受賞したものと感じています。

ｉＰＳ細胞の基礎は、奈良先端科学技術大学院大学で、三〇代半ばながら研究室をもち、国から大きな支援をいただいてできた研究です。無名の研究者にすぎなかったのですが、独立したポストで、のびのびとやらせていただきました。京大に研究の場を移してからも、多くの国の研究費をいただいて発展させることができました。〇六年にマウス、〇七年にはヒトで発表しましたが、ご支援がなければできなかったものです。

感想を一言で表現すると、感謝しかありません。感謝するのは、国、大学をはじめ、ｉＰＳ細胞を一緒につくってくれた高橋和利君や多くの同僚、いつも励ましてくれる友人、友達。また家族に心から感謝の意を表したい。母は八〇歳を超えていますが、母に報告できたのが本当によかったと思います。義理の父は医師で支えてくれましたが、すでに亡くなり報告できませんでした。二五年以上前に亡くなった実の父とともに喜んでいることと思います。

喜びとともに責任感を感じています。ｉＰＳ細胞はまだ新しい一歩、医学や創薬に役立つところまで来ていません。幹細胞（の研究者）全体を代表して、この賞を受賞できたのは光栄でありますが、これから研究を続けて、本当の意味での社会貢献をしなければならないという気持ちでいっぱいです。この何日間かは、国民の皆さんに受賞の意味を自分の言葉で話したいと思っていますが、今後はすみやかに研究の現場に戻りたいと思っています。仕事はまだ終わっていませんので、来週からは研究に専念して、学生の面倒もみて、本来の仕事に復帰したいです。

（今回の受賞は）過去の業績に対する賞ではなく、今後の発展に対する期待の意味もあると思いますので、現役の研究者として取り組んでいきたいと思います。今回、ジョン・ガードン先生との共同受賞が本当にうれしい。カエルでの実験で、受精卵に戻ることを確認した方です。まさに私たちが研究している分野の開拓者です。ガードン先生は一九六二年に論文を書きましたが、私はその年の九月四日に生まれました。この分野を切り開いた方と一緒に賞をとれたことは、本当に大きいことです。

いまは医学、創薬の応用を実現するためにがんばっていきたいと考えています。

（米サンフランシスコの）グラッドストーン研究所から推薦をいただいての受賞です。私が大学院を卒業したあとから、新米研究者のときにトレーニングを受けた所です。毎月渡米して最新の研究情報や研究技術を得られる場所です。サポートがなければやはり今回の受賞はありません。心から感謝の意を表したいと思います。

■「洗濯機を直していました」

――受賞の一報を聞いたときは何をしていたのですか。そのときの感想をお聞かせください。共同受賞についてですが、とくにどんな点が評価されたと思いますか。

ありがとうございます。受賞をどうやって知ったかですが、受賞すると思っていなかったので家におりまして、洗濯機がガタガタ音がするので、直そうと思って、座り込んで洗濯機を動かそうとしていたら携帯がなりました。それが英語でありまして。で、知りました。感想は、やはり、日米をずっと往復しておりまして、アメリカにはノーベル賞に匹敵する研究者がたくさんおり、日本にも私よりふさわしい人がいます。そのなかで選ばれたのは本当になんか、本当なのかどうか信じられないというのが正直な気持ちです。多少なりとも賞の仕組みは聞いているので、受賞できたのは国としての支援のたまものだと強く感じています。

ジョン・ガードン先生についてですが、核の初期化分野を切り開かれました。私たちは核の初期化がきわめて簡単な方法で再現できることを示したのが受賞の理由だと思います。ジョン先生の仕事がなければ私たちの仕事もありえませんでした。さらに言うならば、ジョン先生だけではなくて、この五〇年間にはいくつかのキーとなる研究成果がありました。今回受賞していない先人、先生のお陰だと強く思います。

一〇年ぐらい前、ある新聞にこんなコラムを書きました。研究者の仕事は真理を明らかにすること。真理は何枚ものベールで包まれて見えない。ベールは一枚ではなく、何枚もある。それを一枚一枚はがし、真理を求めるのが研究者の仕事です。ほとんどは一枚はがしたら次の一枚でなかなか見えてきません。でも、一枚が重要なんです。ただ、ある研究者が一枚めくったら真理が見える。だが、それまでのどの一枚も等しく重要です。私たちの仕事は、ジョン先生が一枚をめくり、私たちがめくったらｉＰＳが見えてきました。たまたまです。ある意味幸運と言っていいのかもしれません。でも一枚一枚が等しく大切だという気持ちは忘れていません。一緒に研究している若い人にもそのことはけっして忘れてほしくないと思います。

■髪の毛うらやましい?!

――野田首相との電話ですが、どういうやりとりだったのですか。

総理大臣と直接話すのは生まれてはじめてでして、緊張しておりまして一言ひとこと覚えていないのですが、野田総理から「おめでとうございます。日本国民、日本の皆さんを元気にするような受賞で、国を代表してお祝いの言葉を述べます」と身にあまる言葉をいただきました。iPS細胞研究所だけで二〇億円以上の税金で研究させていただいています。一つの成果として今日の受賞でしたが、私たちの本当の仕事はiPS細胞の医療応用を果たすことです。緊張してあまりうまく言えませんでしたが、これからも本当の仕事を進めたいと思います。

――総理にはどんなことをおっしゃったのでしょうか。

「ありがとうございます」と言ったつもりです。言えたかどうかわかりませんが、言いたかったのは支援をしていただいたからこそ受賞できたということです。〇六、〇七年の論文があっても、その後の研究がなければ受賞できなかったと思います。

――ご家族の反応はどうでしたか。お母様にはどのように報告されたのでしょうか。また、共同受賞のジョン・ガードン博士とのエピソードがあれば教えてください。

知らせを聞いたときは家族の何人かが家におりましたが、このような知らせは伝えてもなかなかピンときません。呆然としているというか、私自身もそうでしたが、(それが)そのときの状況でした。母親にもすぐ電話で伝えて、母親もきょとんとしているというような印象を受けました。

――お母様はなんと言ったのでしょうか。

「うーん、いやーよかったなあ」と……。ジョン・ガードン先生と最初にお会いしたのはかなり前です。iPS細胞作製に成功する何年も前です。〇二、〇三年ごろだったと思いますが、日本の学会に来られました。正直な印象は、写真を見たらわかると思いますが、とても美しい髪の毛です。うらやましい。第一印象は、いまだ現役で、自分で実験していると聞いて、びっくりしました。その後何度もお会いしていますが、最新の研究成果を論文で読んでいらっしゃいます。科学者はこうでないといけないと教えられる、そういう方です。

■希望を捨てないで

（田中真紀子・文部科学相から電話が入るため、いったん会見を中断した。しかし、なかなかかかってこず会見再開）

――山中さんは、今年は受賞しないと予想されていましたが、感触はなかったのでしょうか。また、実用化を待つ患者へ一言お願いします。

毎年アメリカへ行きますけれど、サンフランシスコだけでノーベル賞クラスの仕事をしている方がたくさんいます。実用化されたものも、近いものもあります。日本の先生でも、実用ではるか前に行っている仕事もあります。そのなかで、まさかiPSが対象になっているとは思っていませんでした。

患者の皆さんに対しての思いとしては、ｉＰＳ細胞の技術は万能細胞といわれるだけに、今日、明日に病気が治ると誤解を与えているかもしれません。実際には五年、一〇年とまだまだ研究が必要な病気が多い。われわれの研究所だけでも二〇〇人以上が研究にあたっており、世界中で一歩一歩前に進んでいます。希望をもっていただきたいと思います。いま難病で苦しんでいる方々に、健康な人間がなかなか言えないことですが、いろいろな技術を使って研究しているので、希望を捨てないでもらいたいと思います。

――いま研究している若い人たちへのメッセージをお願いします。

私もまだ若いつもりですが、研究というのは、アイデア一つと努力で、いろんなものを生み出せる仕事です。日本は言うまでもなく、天然資源が限られているという限界があります。しかし研究成果、知的財産は無限に生み出せます。またそれが国を動かす力になります。病気に苦しむ人にも役立ちます。そういう仕事に一人でも多くの人が参加していただきたい。そういう志をもつ人が安心して研究できる環境を日本のなかでつくりたいと思います。私も微力ながら貢献したいです。

――難病と闘っている方々へのメッセージをお願いします。

私は短いあいだですが臨床医をしていました。患者を診て、この人がどのように治るかと考えていました。基礎医学を研究するにつれ、顔が見えなくなります。病気は見ていますが、患者一人ひとりの顔は見えてきません。ｉＰＳ細胞は患者の血液や皮膚細胞をいただくなどして研究する仕事なので、一人ひとり顔を浮かべながら研究する場面は多いと思います。時間との戦いを十分理解して、難病で苦しむ人のことを心して研究しています。工夫して、多くの研究者が毎日研究しています。希望をもっていただきたいと思います。

――自宅から出てくるとき、服装は誰が選んだのですか。話す内容は車のなかで考えたのか、それともここで考えたのですか。

まったく何の準備もしていなかったので、電話がきて、その後ノーベル財団からインタビューもあったので、十分な身支度ができず、家族も狼狽していました。目の前にある物をかばんに詰めてきました。車のなかでもいろいろな方から電話やメールをいただいたので、いま考えていることをそのままお話ししています。支離滅裂なところがあれば、うまく編集して下さい。

――先生よりも若いメンバー、とくに高橋講師に対する感謝の思いを教えてください。また高橋先生とお話はされましたか。

高橋君はじめ、みんな一人ひとりがそうですが、本当にすごいの一言です。僕も若いときはがんばったつもりですが、私たちの研究になくてはならないメンバーです。奈良先端大のときの最初から、メンバーに恵まれたのはラッキーでした。奈良に行くまでは、ずっとひとりでやる場面も多くてつらかったのですが、いまは元気をもらっています。（ｉＰＳ細胞研究所の）二百数十人みんなのがんばりに感謝しています。

京大 iPS 細胞研究所を訪れた田中真紀子文科相と（2012 年 10 月 7 日）

■僕はもっと面白い人間

——ユーモアはどこで覚えたのでしょう。また倫理面の議論はされていますか。

ユーモアがあるかどうかは、本当は、僕はもっと面白い人間だと思いますが、これだけの記者の方々を前にすると。総長も横にいるし、うまいこと言えません。

（午後八時四九分、田中文科相から電話が入る。受話器を左耳にあて）

もしもし、山中です。よろしくお願いします。山中です。とんでもないです。ありがとうございます。本当に日ごろからご支援いただいているおかげで感謝していいます。そうですね。はい。ありがとうございます。はい。ありがとうございます。いやーいや。昨日お話ししたように、これからもがんばってまいります。失礼いたします。

（倫理面について）本当に難しい問題で、アメリカでマウスのES細胞、今度は日本でES細胞をやって、これは役立つかもしれないとものすごく喜んでいました。

記者会見を終え、京大の松本紘総長と握手

ところが、すぐに倫理的な問題に直面するわけでありまして、研究者としてこの素晴らしい細胞をどうしたらいいかと考えて、倫理面を克服し、ＥＳ細胞のいいところを伸ばしたいというのがｉＰＳ細胞です。

倫理面を克服できたと思いましたが、生殖細胞にできる可能性もあります。少なくとも理論的にはできます。それならといって皮膚をつくる、精子や卵子をつくる。これは新しい命につながります。研究が進んだら可能になると思います。一つの倫理的な問題を克服するための研究成果が、また新しい倫理的問題を生んでしまったことになります。ｉＰＳ細胞に倫理的な問題がないなんて間違いで、新しい問題が生まれました。四、五年はちゃんとした精子や卵子はつくれないと思っていましたが、一つのブレークスルーで一気に進みます。

やはり倫理的な問題を、社会全体として準備しておかないと、どうしても科学技術が早く進んでしまうことになります。ｉＰＳ細胞研究を引っ張っていきたいと思っていますが、本当に大切な研究開発と同じスピードで、許認可を得る必要もある。知的財産もちゃんと進まないとだめだと思いますし。社会とどうシェアしていくのか。それも大切でしょう。科学者がやっている研究は一つのピースにすぎません。知財とか、許認可とか、すべてが同時に進まないと、ｉＰＳ細胞技術が本当には実用化されないと思います。倫理面だけではなく、進めていきたいです。

――ユーモアはもともともっていらっしゃったのですか。

大阪生まれの大阪育ちですので、ある程度は自然と身についていたのかもしれませんが、アメリカのトレーニングでプレゼンテーションの大切さをたたき込まれました。いかに人の心をつかむか。そのためには笑いの一つもとらないとだめだと思います。それが英語のプレゼンであってもです。

エンドセリンを発見した柳沢先生（柳沢正史・筑波大学・テキサス大学教授）の講演は英語の講演でしたが、会場が何度も爆笑させられて、ぐいぐい引きつけられました。日本人でありながら、アメリカ人をこれだけ沸かすのはなんてすごい人なんだと思いましたね。どうやったらああいう講演ができるのか、ああいう方々に教えられました。

山中伸弥名言集メモ③

◆「目の前にチャンスがあり、やるという選択肢とやらないという選択肢があるときに、基本的にはだいたいやる。それをいろんな状況からやらないと選択せざるをえないときは非常に面白くない。」（二〇一一年七月二二日、毎日新聞などの共同インタビューで）

◆「研究で負けるというのは論文発表で先を越されること。たとえそうなっても、あきらめずに最後まで走り抜き、きちっと論文や特許を出していく。研究者にはそういう使命がある。」（一一年九月二一日、毎日新聞のインタビュー記事より）

三　単独インタビュー

記者会見は、京都大学の完璧な仕切りで午後九時ちょうどに打ち切られ、その後の報道各社個別インタビューの準備が始まった。割り振られた時間は一社わずか一〇分。この短い時間で気の利いた質問をしなければ単独インタビューの意味がない。過去の受賞者との対談など、各社が独自色を競うアイデア勝負の場でもある。

毎日新聞は、二〇〇二年にノーベル化学賞を受賞した田中耕一・島津製作所シニアフェローに携帯電話の会議システムで加わってもらい、受賞決定直後の山中さんの思いに迫ろうと考えた。聞き役となった科学環境部長の砂間は「締め切りまで時間はない。このインタビューのために、本社では紙面をあけて待っている。面白い話をどれだけ引き出せるか。たった一〇分でいくつ質問できるか、とても不安だった」と振り返る。

午後九時一五分から始まった個別インタビューのトップは、ニュース番組でキャスターとの対談を組み込んだNHKだった。山中さんは生放送にも動じることなく、質問に一言ひとこと大きな声で答えていた。あっという間に過ぎた一〇分。マイクをはずした山中さんが、毎日新聞のソファの近くに案内されてくる。

同様のインタビューが海外メディアを含めて約三〇社。午前一時半近くまで続く。いくらうれしいとはいえ、同じような内容を何度も何度も語らなければならない「苦行」は、さぞかしつらいものだろう。だが、山中さんは、そんなことはおくびにも出さず優しい顔で記者と接する。聞き手となる砂間が名刺を差し出すと、スーツのポケットを両手で探りながら、「ごめんなさい。今日は名刺をもってこなかったんです」と頭を下げた。そんな謙虚な姿勢が、誰にでも好印象を与え、好かれるゆえんなのだろう。

山中さんに携帯電話を渡して、田中さんを結んだインタビューが始まった。そのエッセンスを紹介する。

■化学賞の田中耕一さんも祝福

――おめでとうございます。受賞決定の感想をお聞きします。もっとも強調したい点はどういったところで

しょうか。

山中さん　二つのキーワードで言うと、感謝と責任の思いを強くしています。日本全体の支援に加え、高橋和利君ら多くの仲間、そして友人や家族、京大の支援がなければ受賞はありませんでした。ジョン・ガードン先生の仕事がなければ、私の仕事もありえなかった。感謝というのを強く感じています。二つ目は責任ということで、ｉＰＳ細胞は科学技術として世の中の役に立つにはまだまだ時間と努力が必要です。一日も早く本当の意味での医学応用につなげるため、責任も強く感じています。

田中さん　私もうれしいです。日本人のノーベル賞受賞は、物理学賞や化学賞が多く、日本の医学が世界の最先端を行っていることが世の中に伝わっていなかった。でも、山中さんの受賞で本当に世界に誇れるようになります。これから私も含めて、島津製作所の技術でもｉＰＳ細胞の研究に貢献します。

山中さん　ありがとうございます。田中先生にはいつもお世話になっています。細胞の評価という意味で、島津を中心とした質量分析技術はこれからも研究に欠かせないものです。

――奈良先端科学技術大学院大学で山中さんは学生に体細胞の初期化は可能だと宣言されました。常識や定説を覆す大胆な発想やビジョンをもっていたのが山中さん、田中さんの共通点だと思います。ビジョンの大切さをどう感じていますか。

山中さん　アメリカ留学中に教えていただいたことで、いちばん大切な言葉が「Ｖ・Ｗ」ということです。それは「ビジョン」と「ワークハード」という言葉で、科学者として成功するためにこの二つをしっかりやればいいんだと。ぶれないビジョンをもち、それに向かってみんなが力をあわせて努力する、ということを心がけています。

■遊び心は大切

――田中さんから見て、山中さんのすごいところはどこですか。

田中さん　山中さんが素晴らしいのはまじめで努力家の一方、遊び心を忘れずに二四の遺伝子から四つに絞り込む過程で、さまざまな試みをした点です。「研究者に遊び心はダメ」という人もいるが、そんなことはないんです。ノーベル博物館館長だったS・リンクビスト氏は「勇気、挑戦、不屈の意志、組み合わせ、新たな視点、偶然、遊び心、努力、瞬間的ひらめき――が創造性には必要だ」と語っていました。山中さんはこの九つすべてをもっています。

――臨床まで進んでいない技術が受賞するのは異例です。臨床応用も近いとされ、山中さんは「iPSバンク設立」も訴えています。今後、遺伝子と、その運び役となるベクターの組み合わせは、どういうものがベースになるのでしょうか。

山中さん　医学応用につなげるのが、やはり私の責任だと考えています。この技術を代表して受賞した私の残りの人生の責任だと考えています。

――iPS細胞の作製方法は、当初はウイルスの一種「レトロウイルス」に四遺伝子を組み込む手法だったのが、新しい手法も登場していますね。

2002年にノーベル化学賞を受賞した島津製作所の田中耕一さん（上右）と電話会談を行う。下右は砂間裕之・毎日新聞大阪本社社会部長兼科学環境部長。

山中さん　初期化に関わる最初の四つの遺伝子が基本になります。四つの遺伝子の一つをより安全な遺伝子に替えたり、さらに別の因子を加えたりして安全性と効率を高める工夫をしてきました。それからレトロウイルスを用いる方法は当初から、医療として使ううえでは安全性が懸念されていたので大腸菌などがもつ環状の遺伝子「プラスミド」を運び役に用い、より安全性と効率性を高める工夫を重ねて技術開発をこの五年間やってまいりました。臨床に使えるグレードのｉＰＳ細胞づくりに取り組んでいます。

――医学生理学賞は利根川さんに次いで二人目です。縁とでもいうのでしょうか、山中さんはかつて、利根川進・米マサチューセッツ工科大学教授の講演で質問されたことがあったそうですね。

山中さん　ちょうど私が奈良先端大で独立して間もないころだったと思います。利根川先生の講演が日本であったので参加して、勇気を出して手を挙げ、（面白かったら自由に研究したらいいと）励まされました。そのときに利根川先生から勇気づけていただいたことが、今日の受賞につながっている。だからこれからの若い研究者も私に質問してほしい。私は見た目は怖いのかも知れませんが、そんなことはないですから、やはり勇気をもっていろいろ質問してもらいたい。私が答えるだけでは一方通行になってしまいますので、利根川さんのように、できるかぎりのアドバイスをしていきたいです。

――受賞後の生活は一変してしまうそうですが、田中さんからアドバイスを。

田中さん　できるかぎり山中さんをサポートしていきたい。妻も、奥様が授賞式で着る着物など、喜んでアドバイスしたいそうです。

山中さん　ありがとうございます。これからもよろしくお願いします。

四　単独インタビュー　ふたたび

■年明けにもiPS細胞ストック

ノーベル医学生理学賞の発表から二日後の一〇月一〇日、山中さんは毎日新聞の単独インタビューに応じ、将来の臨床応用に備えあらかじめ保存しておくiPS細胞の具体的な作製方法を明らかにした。五つの遺伝子と一つのRNA（リボ核酸）の「六因子」を血液細胞に組み込む。山中さんが所長を務める京都大学iPS細胞研究所は、二〇一三年の年明けにもiPS細胞を作製、保管する「iPS細胞ストック」事業を本格化させる方針で、作製方法が確定したことは、再生医療実現へ向けて大きな一歩になる。

iPS細胞は、さまざまな細胞に分化する一方、がん化の恐れが指摘され、〇七年のヒトiPS細胞開発以来、作製方法の改良が重ねられてきた。

山中さんらによると、六因子は、細胞の「初期化」を促す四種類の遺伝子のうち、がん遺伝子「c－Myc」を、がん化の恐れのかぎりなく低い「L－Myc」に置き換えたうえ、多能性を維持する遺伝子「Lin28」と、iPS細胞の増殖能力を維持する「p53shRNA」を加えたもの。これら

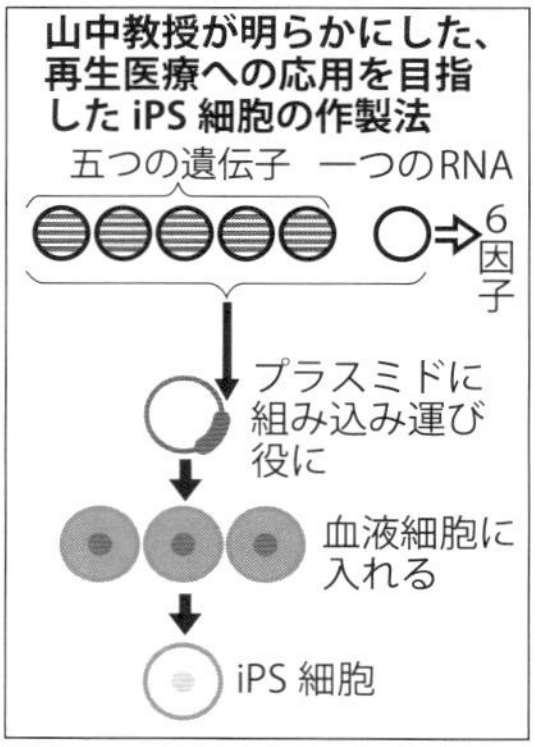

山中教授が明らかにした、再生医療への応用を目指したiPS細胞の作製法

を「プラスミド」と呼ばれる環状のＤＮＡ（デオキシリボ核酸）に入れて運び役として使い、血液細胞に組み込む。プラスミドは、大腸菌などの細胞の染色体外にある小さな遺伝子。細胞に因子を入れる際に使っても染色体内に入らず、遺伝子異常などを起こす心配がないとされる。従来のレトロウイルスを使って組み込む方法と異なり、細胞の核にある染色体に組み込まれず、もともとある遺伝子を傷つけない。そのため、できたｉＰＳ細胞はがん化の恐れが少なく、安全性が高い。血液細胞を使うのは、血液を採取するだけでよく、提供者（ドナー）の負担が軽いためという。

　ｉＰＳ細胞研究所は、日本人の三、四割をカバーする白血球型（ＨＬＡ）をもつ五～一〇人の血液細胞からｉＰＳ細胞を作製する方針だ。すでに「六因子」を使う方法で高品質のｉＰＳ細胞を作製する練習を重ねているという。できた細胞は、臨床研究を計画している理化学研究所などに提供し、目的の細胞への変化のさせやすさなどの「使い勝手」を調べてもらう予定だ。

　さらに、山中さんはインタビューで、ｉＰＳ細胞研究にともなう倫理的な課題を検討する部署を新設する方針についても語った。そのときの一問一答は次のとおり。

＊

――まず、iPS細胞バンクについてお聞きします。

バンクではなく最近はストックと呼んでいます。バンクというと何万という（規模で保存する）血液バンクとか臍《さい》帯血バンクのようなものをつくるという誤解をどうも与えているようですが、私たちがまずつくろうとしているのは、一〇株とかそれぐらいのストックですので。言葉だけの問題なんですが、あえて使い分けています。

――その一〇株というのは、日本人の幅広いタイプをカバーできるようなHLAの一〇株ですね。

そうなんです。日本人のHLAの分布を見ると、いちばん頻度が多いタイプは十数パーセントがもっているんですね。そのHLAホモ、つまり、お父さんとお母さんから同じタイプのHLAを受け継いでいる人からiPSをつくると、だいたい日本人の二〇パーセントぐらいがマッチするんです。ですから頻度の高い人でHLAホモの五人ぐらいの方のiPS細胞をつくると、日本人の三〇～四〇パーセントをカバーできます。まずはそれくらいの、本当に小規模なものを今後五年でつくると。もっとも頻度の高い人のiPS細胞は、来年には世に出したい。その後順番に頻度の二番目、三番目に高い人のiPS細胞を順番につくっていく。

――五年間で何人ぐらいですか。

五～一〇人程度かなと思っています。

――もう作製方法は決まっているんですか。

決まっています。いま作製のシミュレーションを何遍もして、ドナーの方から同意を得る手続きも進めているところです。

――ということは、ドナーの選定ももう終わっているんですね。

これからドナー候補の方にコンタクトをとって、研究にご協力いただけるかという話をしていくところです。そういうことをしていいという許可を京都大学付属病院の倫理委員会からつい先日、承認を受けたところですので、いま、それにもとづいてドナーリクルートをしているわけです。順調にいけば年内になんとか、採血させていただいて、血液細胞からつくる計画です。

――血液から、どの種類の遺伝子で、またどのような導入方法で、というところを聞かせていただけますか。

もともとの四遺伝子のうち、c-MycをL-Mycに置き換えて、あとLin28という遺伝子をさらに足して、それからp53というがん抑制遺伝子を、今度は逆に抑えるような因子があるんですが、p53のshRNAといいます。（導入の）方法はプラスミドを使う方法ですね。

――ドナーのリクルートはどのように。

今回は京大病院の協力をいただいています。京大病院で過去に別の目的でHLAを調べた方がいて、その方に担当の先生からご連絡いただいて、同意が得られたら、今度は私たちが具体的にどういうことをするかというご説明をして、同意書にサインをいただくという手続きになります。

――何月ごろ作製を始められますか。

それはドナーが得られしだいなのでちょっとなんとも言えませんが、こちらの受け入れ準備としてはできているので、ドナーの方が現れ、同意が得られたらすみやかに開始したいと思います。

――次に倫理的な課題についてですが、受賞決定の会見で、研究倫理の担当の新しい部署を新設されるというお話をされました。

まだ正式には決まっていませんが、やはりこれだけ研究が進んでくると、ｉＰＳ細胞研究所としても、教員として倫理の専門家に来ていただくべきじゃないかなと、所長として強く感じておりますので、なんとか実現できるようにしていきたいと思います。来年度には始められるようにしたいですね。

――以前、倫理問題については、研究所で内輪の勉強会を開かれていると聞いたことがあります。

はい。二年ぐらい前、（京都大学の）人文科学の加藤和人先生（現・大阪大学教授）にとりまとめていただいて、ｉＰＳ細胞研の研究者がｉＰＳに関わる倫理についてどう考えているかをお互いに意見交換するということを数回行いました。ただ、加藤先生が阪大に移られましたし、技術もどんどん進んできました。たとえば不妊治療ですごく苦労している方がたくさんおられますが、そういう方々にものすごく役に立つかもしれない技術が想像以上の速さでできつつある。（ｉＰＳ細胞から）精子や卵子が理論的にはできるけどまだだよね、と言っていた数年前とでは、全然意味が違うと思います。ですから二年前とは違ったレベルの、より深い議論が必要だと思います。

日本人ノーベル賞受賞者一覧②

佐藤栄作氏（平和賞、一九七四年）

首相在任中、核不拡散条約に調印するなど、太平洋地域の安定に貢献したとされた。これに加え、非核三原則を提唱した政策が、受賞理由とされる。

福井謙一氏（化学賞、一九八一年）

物質の構成単位である分子のなかの「フロンティア電子」が化学反応にもっとも寄与するとの理論を打ち出し、有機化学の反応論にはじめて量子力学の考えを導入した。日本人初の化学賞受賞は、学会に大きな励みを与えた。

利根川進氏（医学生理学賞、一九八七年）

病原体から体を守る免疫現象の分子生物学的研究に取り組み、免疫反応の主役である免疫グロブリン（抗体たんぱく質）をつくる遺伝子の働きの仕組みを世界ではじめて解明した。米マサチューセッツ工科大学教授を務め、日本からの頭脳流出と話題を呼んだ。

大江健三郎氏（文学賞、一九九四年）

「現代の人間の置かれた苦悩を、揺れ動く一枚の絵として描き出した」と評価された。『万延元年のフットボール』（英訳題『沈黙の叫び』）が代表作。反核、脱原発運動にも積極的に取り組んでいる。

五　一夜明けて

ノーベル医学生理学賞受賞の決定から一夜明けた一〇月九日午前、山中さんは、妻で医師の知佳さんとそろって京都大学で記者会見に臨んだ。毎日新聞は、ノーベル物理学賞（九日発表）と化学賞（一〇日発表）の発表に備えて、この日の夕方に四国入りする予定の社会部、川口裕之を急きょ現場の仕切り役に指名し、前日京都に宿泊した須田桃子や京都支局員とともに会見をフォローした。

山中さん夫妻は午前九時半ごろ、京大に到着した。出迎えたiPS細胞研職員から花束を受け取り、知佳さんがそっと寄りそう。会見は午前一〇時から前夜と同じ部屋で始まった。前夜の受賞決定インタビューが終わったのは午前二時ごろ。その後研究室に顔を出し、大阪市の自宅に戻ったという。睡眠時間はほとんどとれなかったと思われるが、会見でそんな素振りはまったく見せなかった。

いつものすがすがしい表情で、一夜明けての心境を「感謝と責任の二つの気持ちを強くもっています」と話したうえ、「研究を完成させることは一人ではできない。今回賞をいただき、そのかじ取り、牽引役を任命されたと思っています」と、今後の研究に対する意気込みと誓いを披露した。

会見を聞いた川口は、疲れも見せず記者の質問に次々と答える山中さんを見て、「受賞を機にiPS細胞の広報塔としてみずからの役割を認識しているんだな」と思った。だが、けっしてそればかりではない。研究者としてのあくなき探究心と強い責任感を見た思いにかられた。「来週からは気持ちを切り替えて研究者として現場に戻りたいと思っています」。そんな宣言を聞いたからだった。

「もう少し余韻に浸ってもいいんじゃない？」。川口はそう感じたが、逆に「これが結果だけを競う世界で最先端を走る研究者なんだ」と強い衝撃を受けた。

会見では、研究に打ち込む厳しい表情とは異なり、夫として、そして二人の娘の父親としての横顔も見せた。

知佳さんは、受賞の知らせが届いたときについて、「夫が英語で「サンキュー、サンキュー」と言っていたので「大変なことになった」と娘と顔を見合わせました。しばらくしてから「よかったね」と（本人に）声をかけました」と振り返った。

知佳さんによると、山中さんは「家ではふつうの夫。休日は家族のために手伝ってくれます」と明かす。そういえば、受賞の知らせを受けたときも洗濯機を直している最中だった。

山中さんは「失敗ばかりで泣きたくなるような二十数年。そんなときに家族が笑顔で迎えてくれました。妻も自分の仕事を中断してアメリカについてきてくれました」と、家族に感謝する。とくにアメリカでの生活について、「研究するか家にいるかの生活。子育てに携わり、子どもの笑顔を見ることが支えになりました」と顔をほころばせた。

知佳さんは「忙しいときは声をかけるのもはばかられます。家族でどうサポートすればいいかわからないこともありました。重圧を感じていることを私たちも頻繁に感じます。外国とは時差もあり、夜中でもやりとりをしており、リラックスする時間が限られているので、しっかり休んでほしい」と

妻知佳さんと一緒に記者会見にのぞむ

ねぎらった。また、趣味のランニングについては「(山中教授が)街で走っているところを見かけたら、ほどほどにしなさいって言ってください」とおどけて語り、記者たちの笑いを誘った。

夫妻は一〇代で出会い、長年連れそってきた研究者と医師だ。川口は自分の境遇を重ねあわせ、こんなふうに感じていた。

「お互い信頼を築き上げ、研究に対する妻の理解があったからこそｉＰＳ細胞が生み出されたんだろう。」

なにを隠そう、川口の妻は数年前まで国立大学の研究者だった。

会見で、山中さんは研究所の学生や仲間たちにも心配りを見せた。

「前夜のインタビューが終わったのは、午前二時ごろ。学生たちはそれまで研究所で待っていてくれました。喜ばせ、和ませようと思ったのか変装までして迎えてくれました。仲間に恵まれたことが今回の受賞につながったと思い

ノーベル医学生理学賞の決定から一夜明け、職員らに拍手で迎えられる山中さんと妻知佳さん

ます。アメリカの多くの仲間にも支えられました。これからも家族、友人に支えられながら、iPS細胞がノーベル賞にふさわしい仕事だと思われるようがんばりたいです」。そう力を込めた。

■研究室を公開

山中夫妻の会見が行われた日、iPS細胞研究所は、山中さんの研究室を公開した。講師や研究員、大学院生ら五八人が所属。研究員たちは「身近な先生が受賞したことを誇りに思う」と話し、高揚した雰囲気に包まれていた。

実験台には、iPS細胞を移植したマウスの細胞が入ったプラスチック製試験管や薬品などが並び、研究員らはいつもどおり実験を進めていた。iPS細胞の品質評価を担当する大貫茉里《まり》さんは「まだ受賞はないだろうと思っていたので「えっ、もう」という感じ。不意打ちのようだった」と振り返った。大貫さんは「研究に対する姿勢は厳しさしか思い浮かばない。受賞で忙しくなり、研究現場から離れてしまわないか少し心配です」と語った。

山中研究室を取材で訪れたことがある、MBS（毎日放送）の角淳一さんは、毎日新聞の二〇一二年一〇月一三日夕刊（大阪本社版）コラムで、そのときの印象を次のように書いている。

「研究所内は敷居のないオープンラボで、これは垣根を取っ払い、情報を皆で共有するという山中教授の考えから。また、研究所内の文字や作業着などすべてがオリジナルで、優しいデザインと色彩で統一されていた……自由な空気が満ち満ちていた。」

世界最先端の研究現場。そして自由で明るい雰囲気のラボ。とかく手狭で暗い部屋を想像しがちだが、私たち外部の人間に、新たな研究室のイメージを植えつけてくれそうだ。

■橋下大阪市長「規制緩和を」

一方、ノーベル賞の受賞決定を受け、決定翌日からさまざまな動きが出た。

地元の京都府が、いち早く府特別栄誉賞を贈ると発表。一〇月九日午後には、山田啓二知事が京大を訪れ、賞状を手渡した。また、大阪市の橋下徹市長は、定例の囲み取材で「山中教授が研究する環境を整えていくのが行政の役割だ」と述べ、規制緩和や税優遇などを国に働きかける意向を示した。

京大iPS細胞研究所を含む九地域は二〇一一年一二月、医療・バイオ産業などを発展させる目的で、国の「関西イノベーション国際戦略総合特区」に指定された。しかし、大阪、京都、兵庫の三府県な

官邸にて野田佳彦首相と（2012 年 10 月 12 日）

どが規制緩和を提案した二三項目のうち、国が認めたのは四項目にとどまり、臨床研究の手続き緩和も「継続協議」となっている。橋下市長は市役所で記者団に対し、「国は規制緩和とか税優遇に腰が重い。（研究を）特区で生かしていただけるよう環境をつくっていきたい」と話した。

野田佳彦首相は一二日、山中さんと首相官邸で面会し、「成果を期待している人がたくさんいます。実用化に向けて支援をしたい」と述べ、祝意を伝えた。これに対し山中さんは「支援いただいた結果、受賞できました。個人ではなく、日本全体として受賞させていただいたと思います」と語った。

首相は「日本中が大喜びしています。わが家でもっともホットな話題です。有名な人でも資金調達で苦労していることを痛切に感じました」と強調。そのうえで、同席した田中真紀子文部科学相に「文科相は後押しを」と求めた。

山中さんがはじめてiPS細胞を構想した奈良先端科学技術大学院大学の地元、奈良県生駒市では、受賞をたたえる横断幕が掲げられた。山中さんは九九年一二月、助教授として先端大に赴任し、〇三年に教授に昇任。〇四年一〇月に京都大に移るまで約五年間、生駒市で研究生活を送った。掲げられたのは、同市山崎町の市立生駒小運動場北側フェンス。横断幕（縦一・五メートル、横一二メートル）には、「祝　山中伸弥　奈良先端大栄誉教授　ノーベル賞受賞」などと書かれ、北側を走る近鉄電車の乗客らにアピールしている。

六　iPS細胞がつくる新しい医学

山中さんは〇八年六月一〇日、大阪市北区のホテル阪急インターナショナルで開かれた異業種交流組織「毎日21世紀フォーラム」の第七三回例会で、「iPS細胞がつくる新しい医学」と題して話した。同フォーラムは毎日新聞大阪本社が運営する異業種交流組織で、会員は法人を原則とし、一法人につき三人まで登録できる。年一〇回、昼食会形式の講演会を開催。約二〇〇社が加盟しており、会員同士の交流も図っている。この日の例会には約二四〇人の会員が参加、再生医療の世界最前線の話に熱心に耳を傾けた。山中さんの講演は次のとおり。

■ES細胞の問題点克服を研究

iPS細胞の可能性と課題について簡単に紹介したい。二〇年以上前、私は国立大阪病院で整形外科医をしていたが、臨床医ではまだまだ治すことができない病気がある。たとえば、若年型糖尿病。糖尿病には1型と2型があり、2型は運動不足による肥満が原因だが、子どもに多い1型は血糖値を低下させる酵素「インスリン」がつくれなくなる病気。インスリンをつくる、膵臓《すいぞう》内の「膵島」細胞が免疫疾患でほとんどなくなってしまうのだ。患者数は国内で三〇万人くらい。インスリン注射をするが、注射が痛いだけでなく、時に低血糖発作でふらふらするため、注射をやめる子どももいる。その結果、一〇年後に心筋梗塞になることもある。

臓器移植も考えられているが、膵臓は脳死状態でしか移植できず、しかも豆腐のような臓器で手術自体が大変難しい。一般的にはリスクが大きく、やらない。そこで期待されているのが、膵島の細胞だけの移植だ。一部で行われ、患者は注射が不要になり、低血糖発作の頻度も下がっている。しかし、膵島の入手が難しく、脳死の方や家族から一部をもらうが、十分な数は移植できない。

私たちが目指す再生医学はある意味で移植医学の一部だが、違いは臓器や細胞を単にもらうだけでなく、それをつくりだす、もしくは増やす点だ。その切り札の一つがES細胞だ。ES細胞は受精卵からつくられ、一九九八年、ヒトのES細胞がアメリカではじめてできた。受精卵は人工授精の際の余分なものを使う。ES細胞からは神経でも皮膚でもどんな細胞でもつくれ、しかも無限に増やすことができる。この細胞から膵島の細胞をつくり移植する研究も進んでいる。パーキンソン病とか脊髄損傷とか白血病などの治療にも期待されている。

しかしヒトES細胞は期待されつつもいまだに臨床応用が一例もない。問題の一つは、ES細胞を受精卵からつくるため、患者本人の細胞でなく拒絶反応が起きることだ。核移植の技術と組み合わせて拒絶反応が起こらないものをつくる研究が進んでいるが、マウスでは成功したものの、人間ではまだ難しい。さらに、医学のためとはいえ、受精卵を使っていいのかという倫理的な問題もある。

私たちの研究室は、ES細胞の利点を生かしつつ、問題を克服できないか研究した。具体的には、患者の皮膚の細胞をリプログラミング（細胞を未分化の状態に戻すこと）し、ESと同じ性質の細胞をつくる。皮膚細胞とES細胞はまったく違う細胞だが、設計図、つまり遺伝子は同じ。遺伝子はだいたい二万～三万個あり、読み込まれる部分の違いで違った細胞ができる。つまり、読み手が違う。

私たちはES細胞の読み手を見つけ、それを皮膚の細胞に無理やり入れたら、違う細胞ができるのではと考えた。読み手を五年くらいかかって、二四個見つけた。しかしマウスの皮膚細胞に一つずつ入れても、どれもダメだった。半ばやけくそに二四個全部入れてみると、皮膚細胞のなかからES細胞としか思えない細胞ができた。私が研究生活でいちばん驚いた結果だ。いずれかの組み合わせで、ES細胞に読み替えられるのだが、組み合わせを見つけるのは大変、と困っていると、若い研究者が二四個のうちから因子を一つだけ抜いた実験を二四回やるという実験を思いついた。本当に大事なものが抜けたら、あと二三個があってもダメだろうと。最終的に三つの因子がわかり（一七三頁参照）、できた細胞をiPS細胞と名付けた。

ヒトのES細胞で培われた知識をもとに、その後一年間でヒトのiPS細胞もつくることができた。しかし、iPS細胞とES細胞の性質が違うと困る。そのため、まずiPS細胞から神経の細胞を分

真剣な表情で山中さんの話を聞くフォーラム参加者

化誘導したところ、きちんと神経細胞がつくれた。ドーパミンをつくる神経細胞ができ、心臓の細胞もすぐできた。ドクドク動く細胞を見たとき、私たちは自分の心臓が動悸するような錯覚にとらわれた。腸の細胞、軟骨、脂肪などもできた。

■実用には知的財産権の確立が必要

いま、京都大学では実際の患者さんの皮膚からiPS細胞をつくる研究をしている。なぜその病気になったのか、どういう薬が効くか、副作用が起こらないか、という評価をするためだ。将来的には細胞移植治療にも使えるだろう。発がん性などに対する慎重な研究は必要だが、解決できれば脊椎《せきつい》損傷の治療にも使える。すでに慶応大学と京都大学の共同研究で、脊椎損傷のマウスをつくり、iPS細胞に由来する神経細胞を移植したところ、マウスはかなり回復した。

今後、人の治療には細胞バンクが必要となるだろう。i

ＰＳ細胞由来の細胞をつくるのに計約二カ月かかるので、移植に間に合わない。一人ずつつくると価格も高い。そこで、あらかじめ一〇〇とおりくらいのｉＰＳ細胞をつくり、神経の細胞もつくっておく。理論的にはそれくらいで、ほとんどの方に拒絶反応が少ない細胞を準備できる。

ｉＰＳ細胞はＥＳ細胞に匹敵する多能性幹細胞といえ、海外では非常に研究競争が激しい。アメリカでは研究費も膨大だ。日本でもわが国発の技術として、京大にセンターができ、東大、慶応大、理化学研究所と四拠点で研究が進んでいる。今後、この技術を本当に役立てるためには数十個あるいは数百個という知的財産権を確立させることが大切になっていく。

七　科学政策への注文――「明日への視点」から

山中さんはこれまで、いろいろな場面でユニークな発言を行ってきた。研究者としての実直な言葉にとどまらず、大阪人としてのユーモアあふれる話術、一人の人間として人生を謳歌したいという素直な思い……。受賞前の二〇一一年一月一〇日の毎日新聞一面に掲載された「明日への視点」では、ノーベル賞を「過去の実績の評価」と位置づけ、日本の存在感を示すため科学政策の歩むべき道を直言した。内容は以下のとおり。

＊

科学技術分野の大きな指標の一つであるノーベル賞で、日本はアジアのなかで優位に立ってきました。しかし、ノーベル賞は過去の実績の評価でしかありません。日本は、経済でも中国に抜かれそうな状況ですし、科学技術分野の現在の業績を見れば、中国などアジア各国が非常にがんばっています。日本はかなりがんばらなければ、アジア一位を維持できなくなると思います。

日本発のｉＰＳ細胞研究ですら油断できません。研究費や研究者数はいずれもアメリカが一〇倍も多い。一人と一〇人で綱引きをしたら一〇人が勝つのは当然。僕は、すべてで勝つことは無理なので日本は綱引きの綱をつくるべきだと考えます。日本がいなければ綱引きすらできないよういちばん大切なところを押さえ、存在感を示すのです。僕たちの分野では、安全なｉＰＳ細胞の作製法と評価法が「綱」に当たります。

いま、心配しているのは、皆が下を向き、自信を失っているように見えることです。日ごろのニュースは暗い話題ばかり。教育でも、日本の長所があまり伝えられていない。元気を取り戻すには、まず日本という国に対して、国民の僕たちが誇りをもつことがいちばん必要だと思います。

僕は日米両国で研究し、アメリカではさまざまな国の人と出会いました。研究環境など海外のほうが素晴らしい面はありますが、日本には美しい国民性があります。コツコツと努力する、互いを思いやる、自我を張らず控えめ……。そんな日本の素晴らしさを見直し、政治のリーダー、教育者、報道はアピールしてほしいのです。

科学技術分野には、国の借金の大きさを考えれば、（菅直人首相の肝煎りで二〇一一年度予算案の

column

論文アクセス急増

山中伸弥教授のノーベル医学生理学賞受賞決定を受け、京都大学附属図書館が、ホームページで山中教授がはじめてマウスのｉＰＳ細胞作成に成功したことを発表した英文の研究論文（〇六年）を公開したところ、アクセスが殺到した。受賞決定直後の一〇月一〇日夜からの約二日間でアクセス数は約二〇〇〇件、このうち論文のダウンロードは約一二五〇件に達した。

担当者は「偉業の「原点」への関心が高まっているのでは。専門用語だらけの難解なものなのに」と驚いている。

公開された論文は、山中教授が高橋和利講師（当時・特任助手）と執筆し、アメリカ科学誌『セル』に掲載された。Ａ４判一四ページで、マウスの体細胞からｉＰＳ細胞を作製するために不可欠な四つの遺伝子を突き止める過程が明らかにされている。

科学技術関連分が増額となるなど）相当な支援をいただいています。科学技術が日本の将来を支える大きな柱であることは間違いないですが、研究者は研究室に閉じこもっていればいいわけではありません。一歩外へ出て、取り組む研究の意味を社会へ発信する努力をしなければなりません。それは、研究者の社会的地位の向上にもつながり、若い研究者の減少（内閣府によると〇五年度からの四年間で三七歳以下の研究者が七・四パーセント減）の歯止めにもなるはずです。

では、僕自身はどんな貢献ができるか。僕に課されているのは、まずｉＰＳ細胞研究の実用化です。さらに、イノベーションを生む研究環境整備を訴えたい。任期付きのポストが増えて将来の展望が見えにくく、「小さな論文を一つ書けばいい」と大きなことに挑む雰囲気が薄れているようです。海外へ出る若者も減っています。

大きな発見には頭を真っ白にして考えにふける余裕や、研究を支えるスタッフの充実が必要です。そんな挑戦を後押しする仕組みを、強く訴えていきたいと考えています。

山中伸弥名言集メモ④

◆「（受賞を知ったときの様子を聞かれて）受賞するとは思っていなかったので家にいた。洗濯機がガタガタ音がするので、直そうとして座り込んでいたところ、携帯が鳴って知った。英語の電話だった。」（一二年一〇月八日、ノーベル賞受賞決定の記者会見で）

◆「（会見で話す内容を準備していたのかと質問されて）いま考えていることをそのまま話している、支離滅裂なところがあれば、うまく編集してほしい。」（一二年一〇月八日、ノーベル賞受賞決定の記者会見で）

column

寄付一〇〇〇万円

山中さんの趣味はスポーツだ。若いころには柔道、ラグビーに取り組み、いまはマラソンに挑む。寝不足でも、二日酔いでも、昼休みに京都市内の鴨川沿いを約三〇分走るのが日課だという。さすがにノーベル賞受賞決定後には途絶えたが、二〇一二年三月一一日には京都マラソンで四二・一九五キロを完走した。

そのとき、山中さんは寄付専用サイトで「完走します」と宣言、その挑戦に賛同する人に研究資金への寄付を呼びかけた。山中さんは四時間三分一九秒で完走した。結果、ノーベル賞決定前までに一〇二〇件、一二三三万二七〇〇円が寄せられた。それぞれに「パーキンソン病の夫の希望の光として」「研究で救われる人たちが増えることを祈って」などの言葉も添えられていた。

ノーベル賞受賞が決まると、直後からふたたび、サイトへのアクセスが集中。数千円から一万円程度の寄付の申し出が相次ぎ、受賞決定後の三日間で約一〇〇〇万円が集まったという。コメント欄には「難病に苦しむ人、関係するすべての人の希望の光に！」「希望を捨てずに頑張ります」などと書き込まれていた。

第3章

三つの転機

——関係者、弟子たちの証言

扉写真：宣言どおりの京都マラソン完走（2012 年 3 月）

一　三つの転機

毎日新聞は、山中さんのノーベル医学生理学賞決定直後の二〇一二年一〇月一六日～一八日、「三つの転機　iPS　ノーベル賞への道」と題した連載を三回にわたって掲載した。整形外科医としての挫折、万能細胞の研究と出会ったアメリカ留学、そして「最後の賭け」だった奈良先端技術大学院大学の採用。ノーベル賞受賞に至るまでの、この三回の転機を振り返り、「人間ヤマナカ」を浮かび上がらせた。

■手か足かわからぬイラスト――一五分の手術に一時間超

「手なのか足なのか、わからん絵を描いてきた。まず、指の描き方がおかしい。手術も時間がかかる。それはそれは、不器用な男でしたな。」

大阪府羽曳野《はびきの》市の島田病院理事長、島田永和さんは、一九九七～二〇〇三年に非常勤で勤務していた男性の整形外科医のことを、こう証言する。

医師同士の間では、患者のけがや病巣の位置をイラストで伝えることがある。この整形外科医は、こうした絵を描くことが不得手だった。手術についても「慎重になり、ためらう。センスのない医者の一人だった」。

こう評される整形外科医こそ、のちにノーベル医学生理学賞を受賞する京都大学iPS細胞研究所長、山中伸弥教授、その人だった。

＊

不器用――。山中さんについて、知人の多くはそう語る。

一九八二年秋、神戸大学医学部。二年生だった山中さんは、献体を前にしてはじめての解剖学実習に取り組んだ。しかし、指示どおりにこなせず、周囲はがく然とした。

卒業後、八七年から国立大阪病院（現・国立病院機構大阪医療センター）で二年間、研修医を務めた。ついたあだ名は、名字をもじった「ジャマナカ」。手術が苦手だった。

その後、勤務した病院で、中学からの友人男性は、首にあったできものを取るため、山中さんの手術を受けた。一五分の予定が、一時間たっても終わらない。「すまん」。局所麻酔のなか、山中さんの声が聞こえた。「すまんって……」。手術は成功したが、男性は「少し心配だった」と心境を明かす。

＊

数々の逸話の一方、大阪市立大学大学院時代に山中さんを指導した同医学研究科教授、三浦克之さんは、「手際のよさ」が印象に残ると話す。「動物実験ではメスをサッサとさばいていた」。

「鬼手仏心《きしゅぶっしん》」という言葉がある。医師は手術のとき、大胆にメスを入れるが、患者を救いたいという温かい心からだ、との意味だ。「山中さんは「仏心」が邪魔をして、人間相手では本来の力を発揮できなかったのでは」。島田さんは、推し量る。

＊

整形外科医を目指したが、治せない患者がいるという現実に山中さんは気づいた。八九年、大阪市立大学大学院医学研究科に進み、薬理学を学び始めた。臨床から基礎研究への転向。「治せない患者を治せるのが、基礎研究だと思った。あとは、指導者が厳しいとか、逃げ出したいとか、いろいろ理由はあった」

不器用と冷やかされた「壁」を乗り越え、別の道を歩み始めた山中さん。この転機が、ｉＰＳ細胞の開発へとつながっていく。

■アメリカ留学でＥＳ細胞に夢中　実験は綿密、論理的

九七年冬、大阪市内の焼き鳥屋。当時、大阪市立大学助手だった山中さんは旧知の開業医と鍋をつついていた。「相談があります」。山中さんが切り出した。「うまく研究がいかず、臨床に戻らなければならないかもしれない。そのときは雇ってほしい」。

整形外科医から基礎研究に転じたが、「自分の研究は、人に役立つのだろうか」と、自信を失っていた。

研究を続けたいという山中さんの本心を知っていた開業医はこう助言した。「したいことをしなさい」。

＊

時は一九八九年に戻る。整形外科医の道をあきらめ、大阪市立大学医学研究科の大学院生になった山中さんは解放感と情熱をもって、研究に打ち込んだ。

教官だった岩尾洋・大阪市立大学教授は、きめ細かい仕事ぶりを覚えている。イヌの血圧を的確に測るため、どの部位に装置をつけるべきか繰り返し実験していた。「綿密で論理的。目を見張る優秀さだった」。

大学院修了後の九三年、米サンフランシスコのグラッドストーン研究所に研究員として渡米。マウスを使い、さまざまな細胞に変化する能力があるES細胞の研究に夢中になった。iPS細胞につながる研究で、大きな転機になった。大阪市立大学の研究室の先輩だった光山勝慶・熊本大学教授はアメリカに山中さんを訪ねたことがある。「失敗も楽しそうに話し、充実した様子だった」。

「ビジョンとワークハード」（V・W、長期目標をもち、ひたむきに努力する）。山中さんがよく口にするこの言葉は、留学時のロバート・メイリー同研究所長（当時）に教えられたものだ。

＊

1984 年 10 月 2 日、神戸大学の学生時代、友人の平田修一さんの部屋で（平田修一さん提供）

1980 年 11 月 7 日、高校の遠足で京都を満喫（平田修一さん提供）

2008 年 3 月、大阪教育大付属中時代の恩師、大仲政憲さん（左）、同級生だった平田修一さん（右）と乾杯（大仲政憲さん提供）

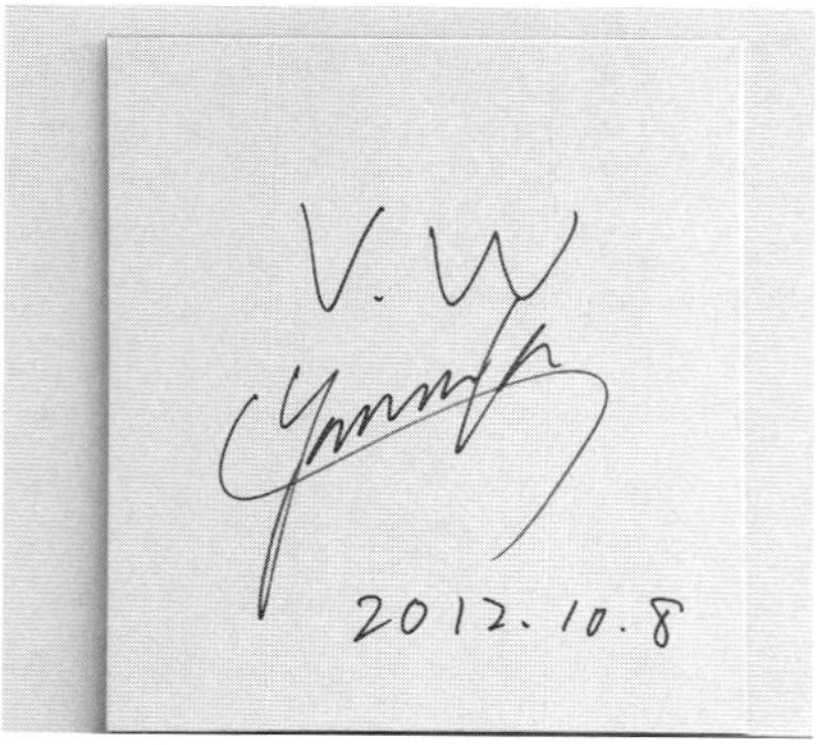

「ビジョンとワークハード」を意味するV.Wの色紙

三年のアメリカ留学を経て九六年、大阪市立大学助手として帰国。ES細胞の研究を続けたが、新薬開発など周囲が実用的な研究に取り組むなか、マウスを使った山中さんの研究は浮いた存在だった。「役に立つ研究をしたほうがいい」と諭されもした。

中学からの親友で印刷会社経営、芳武努さんは「『休日もマウスの世話をしなければならない』と珍しく弱音を吐いていた」と振り返る。厳しい表情で考え込む姿を何度も目撃された。山中さんはのちに、当時のことを振り返り、「PAD（ポスト・アメリカ・ディプレッション＝米帰国後うつ症候群）にかかってしまった」と話している。PADという病気があるわけではなく、山中さんが勝手につけた名前だ。

そんななか、アメリカで九八年、ヒトでもES細胞作製に成功したと発表があった。「自分の研究も患者に役立つ可能性がある」。目の前が開けた。

九九年七月、奈良先端科学技術大学院大学の助教授公募が目にとまった。勝負に出た。

「落ちたら、基礎研究で生きるのはあきらめよう」。これが、新たな転機となった。

■「おれはくじけん」原点に　学生集めに大風呂敷

「あんたの売りは何や」「柔道もラグビーもやっていましたから、体力はあります」「そんなこと聞いてへんがな」。

〇三年八月、東京都台東区。科学技術振興事業団（当時）から助成を受けるための面接。奈良先端科学技術大学院大学の助教授だった山中さんがスライドを使いながら、研究を売り込んでいた。「さまざまな組織に変化する万能細胞を患者自身からつくりたい」。しかし、まだ夢物語だった。

面接官は岸本忠三・元大阪大学総長。免疫学の世界的権威を相手に山中さんは極度に緊張し、ちぐはぐな返答をしてしまった。

面接の最後、「あんた、思い残すことないか」と言葉をかけられた。山中さんは「これは、一〇〇パーセント無理やな」と腹をくくった。

「考えが突拍子もない。うまくいくはずがない」。事実、岸本さんは心中、突き放していた。しかし、こうも直感した。

「百に一つの可能性だが、もしかしたら、えらいことになるかもしれん」

五年間で三億円の助成が決まった。

＊

九九年一二月、奈良先端大学助教授に就任。翌春、山中さんは研究室の一期生を迎えるべく、一二〇人の新入生を前に大風呂敷を広げた。

「患者自身の細胞から万能細胞をつくる。」

じつは、不可能かもしれないと思っていた。しかし、夢のある目標を示せば、学生は研究室に来ると考えた。

三人が研究室の門をたたいた。その一人でいまも一緒に研究を続ける高橋和利・iPS細胞研講師は「知識がない人をわかったようにさせる研究紹介だった」と明かす。

＊

〇四年一〇月、京都大学に教授として赴任後、研究は一気に加速する。目標の細胞をつくるのに不可欠な四遺伝子を特定し、〇六年八月、マウスでiPS細胞作製に成功したと発表。〇七年にはヒトiPS細胞の作製も果たした。「研究室の人たちが一生懸命、実験してくれた」。山中さんは、スタッフをほめることを忘れない。

＊

ノーベル賞フィーバーから一週間。二〇一二年一二月一五日に山中さんは研究を再開した。ｉＰＳ細胞研の堀田秋津・助教によると「受賞決定前の日常に戻り、学生と研究について語りあっている」という。

再生医療の切り札と期待されるｉＰＳ細胞。しかし、実用化には至っていない。「しっかり研究を進め、医療応用を果たす」。受賞決定直後の記者会見で山中さんは、自分に言い聞かせるように、そう語った。

もがきながら三つの転機を経て、異例の早さで頂点を極めた山中さん。その「原点」をたどると、中学時代の卒業アルバムにたどり着いた。

「おれはくじけん！」

挫折をバネにはい上がる「人間ヤマナカ」の素顔が見えた。

山中伸弥名言集メモ⑤

◆「(野田首相からのお祝いの電話について) 総理大臣と直接話すのは生まれてはじめてなので、緊張して一言ひとこと覚えていない。」(一二年一〇月八日、ノーベル賞受賞後の記者会見で)

◆「(ジョン・ガードン氏の印象を聞かれて) 写真を見たらわかるが、とても美しい髪の毛。うらやましい。」(一二年一〇月八日、ノーベル賞受賞後の記者会見で)

◆「真理は何枚ものベールで包まれて見えない。それを一枚一枚はがし、真理を明らかにするのが研究者の仕事。何枚はがしてもなかなか真理は見えない。しかし、どの一枚も大切だ。細胞の初期化は、(共同受賞者の) ジョン・ガードン先生が最初の一枚をはがし、何枚もめくったらiPSが見えてきた。幸運だ。一枚一枚が等しく大切だという気持ちを決して忘れてはいけない。」(一二年一〇月八日、ノーベル賞受賞後の記者会見で)

◆「(実用化を待つ患者に対して) iPS細胞の技術は万能細胞といわれるだけに、今日、明日に病気が治ると誤解を与えているかもしれない。実際には五年、一〇年とまだまだ研究が必要な病気が多い。いま難病で苦しんでいる人に、健康な人間がなかなか言えないことだが、希望を捨てずにいてほしい。」(一二年一〇月八日、ノーベル賞受賞後の記者会見で)

二　発足当初の山中ラボ

「iPS細胞をつくったのは私ではなく、私のラボ（研究室）の初期のメンバーです」。山中さんは、講演などでたびたびこう語ってきた。奈良先端科学技術大学院大学で山中研が始動したときのメンバーは山中さんを含め七人。壮大な夢に向かって走り出した日々とは――。

■創設メンバーが語る「あのころ」

「おめでとう！」。ノーベル医学生理学賞の発表があった二〇一二年一〇月八日夜、山中研一期生の海保《かいほ》英子さんは、同期生でいまも山中さんとともに研究する高橋和利さんに祝福のメールを送った。すぐに返信があった。「海保さんも、おめでとう。あのときから始まったんだよね」。

「あのとき」、それは奈良先端大の新入生だった海保さんと高橋さん、徳澤佳美さんの三人が、山中研に配属された二〇〇〇年六月だ。

奈良先端大は、全国のさまざまな大学の学部を卒業し、さらに専門的な学問を志す学生が進学する大学院だけの国立大学だ。山中さんは一九九九年一二月、バイオサイエンス研究科の助教授（現在の准教授）として赴任、はじめて自分のラボ（研究室）をもった。アメリカ留学から帰国後、日米の研究活動の違いからうつ状態になり、基礎研究を挫折しかけた山中さんにとって、起死回生を図る大チャンスだった。ラボには、すでに実験を手伝う技官の一阪朋子さんが着任しており、二〇〇〇年四月には、助手の三井薫さん、技術補佐員の滝川千尋さんも赴任した。

新しいラボに学生ゼロという状況はなんとしても避けたい。頭を悩ませた山中さんは、新入生約一二〇人を前にした研究室説明会で「ヒトの受精卵を使わず、体の細胞から、受精卵を壊してつくるES細胞と同じような細胞をつくる」という壮大な目標を掲げた。山中ラボを選んだ三人は、夢があり、明快な山中さんの話に引きこまれた。

「聞き手がイメージしやすいように話す先生だな」。海保さんの第一印象だ。海保さんと徳澤さんは、ラボに先輩がおらず、新入生ながら自分の力で新しい研究にチャレンジできるところにも魅力を感じた。徳澤さんはまた、山中さんが、当時の奈良先端大でもっとも厳しく、活発に成果も出していた研究室の名前を挙げ、「小さいラボだが、あのラボを目指したい」と話したことに、「志の高さと心意気」を感じたという。一方、大学の工学部で生物学とは無関係の物理化学を専攻した高橋さんは「他の先生方の話は全然わからなかったが、山中先生の説明は、僕でも理解できたようなつもりになれた」と振り返る。「行くならこの研究室しかない」。高橋さんはそう決意した。

■「初心者」ばかり

こうして、新入生三人が加わり、メンバー七人がそろった。すぐに本格的な研究が始まったが、じつは、学生のなかで実験の基本的な手技をマスターしていたのは、大学で遺伝子学を専攻した海保さ

山中研スタート時のメンバー。左から海保英子さん、徳澤佳美さん、高橋和利さん、山中さん、１人おいて滝川千尋さん（2000年９月、高橋和利さん提供）

んだけ。徳澤さんも、酵母を扱う経験はあったものの、分子生物学的な実験ははじめてだった。もちろん高橋さんは完全な初心者だ。一阪さんや滝川さんも含め、メンバーは山中さんや三井さんの指導を受け、一から実験の仕方を学んでいった。なかでも、実験器具の持ち方から教わった高橋さんについて、三井さんは「（学生の）三人ともやる気があり、一生懸命だったが、高橋君のがんばりはとくにすごかった」と振り返る。

山中さんの緻密な研究戦略のもと、学生三人にはそれぞれ実験のテーマが与えられた。マンツーマンの進捗報告が週に一〜二回あり、データの解釈や次の実験計画についてみっちり議論した。山中さんの当時の口癖は「タイムイズマネー」。よく実験室に顔を出しては「データ出た？」と学生に声を掛けた。興味深い結果を報告すれば「すごいやん」とほめたが、「（データは）これだけ？」と冗談めかして聞くことも。海保さんは「いつも分単位で予定を組み、タイマーをいくつも並べて、三つくらいの実験を並行して進めた。毎日があっという間だった。大変だったが、未知のことがわかっていくのが楽しかった」と話す。徳澤さんも、当時の生活を「とにかく濃かった」と表現する。深夜まで実験室にこもる日もたびたびあったが、キャンパス内に学生寮があり、研究に打ち込める環境は整っていた。

実験データをとことん大切にする。それが山中さんの基本姿勢だった。予測と違う結果が出たときも、そのデータを信頼し、学生に理由を考え抜かせた。三井さんは、山中さんがよく「失敗は失敗じゃなく、次の成功のきっかけなんだ」と話していたのを覚えている。高橋さんも、「一見失敗と思えること、自分の想像と違う結果をいかに大切にするかということはすごく教えられた。期待どおりの結果は、おそらく僕のちっちゃな脳みそで考えられるようなレベルの話で、皆さんを驚かせたり、世の中を変えるようなことではない。想像もつかなかったような結果は、そういう可能性を秘めている。それを教わった」と語る。

理不尽な怒り方はしないが、「よく考えていればしなかったミス」（徳澤さん）には厳しかった。また、社会人として守るべき基本的なルールとして、時間厳守や「ほうれんそう（報告・連絡・相談）」を求め、「税金から出してもらっているんだから」と研究費の節約も徹底させた。研究発表の得意な山中さんらしく、学生の発表についても「シンプルイズベスト。一つのスライドにメッセージは一つだけ」と指導した。

■山中さんの素顔は？

根っからの実験好きの素顔も見せた。生物系のラボを主宰する研究者はみずから実験しないことが多いが、徳澤さんは、山中さんがマウスにできた腫瘍の解剖をみずから志願し、「解剖は得意なんや」と楽しそうに取り組む姿が印象的に残っている。「先生、まだ実験したいんですか」と聞くと、「当たり前や」と即答された。

山中さんは、学生を鼓舞する工夫も忘れなかった。一流誌の『セル』に論文が掲載され、表紙の写真にも採用されたときは、表紙を掲示板に張り、「Who is next?（次は誰？）」と書き添えた。

研究にはストイックな山中さんだが、普段は温和で、だじゃれを連発するなどお茶目な一面もあり、ラボはアットホームな雰囲気だった。朝のジョギングが日課で、学内の駅伝大会に学生と参加したことも。たまの親睦会でお酒が入ると、柔道の腕前を自慢し、「柔《やわら》ちゃん」こと五輪金メダリストの谷亮子・参議院議員にも「勝てる」と豪語した。帰宅の電車で、酔った山中さんが途中駅なのに「降りる」と言い張り、滝川さんが「ちゃいます、先生」と必死に引き止めたこともあった。

山中チームが、世界に先駆けてｉＰＳ細胞を開発できた勝因は何か。三井さんは「あきらめない心」と分析する。「失敗したからといってへこむんじゃなく、違う方向に視点を変えて、とりあえず前へ前へと進んでいった」。

三井さんの言葉を裏づけるエピソードがある。徳澤さんは当初、ＥＳ細胞で働く遺伝子「Ｆｂｘ15」の研究を担当していた。Ｆｂｘ15の機能を調べるため、一阪さんと協力して地道な実験を繰り返し、ついにこの遺伝子を壊したマウスをつくることに成功した。山中ラボでは、ノックアウトマウス（特定の遺伝子を壊したマウス）をつくることも目標の一つだったが、このマウスこそ、山中ラボで誕生したはじめてのノックアウトマウスだった。山中さんも喜ぶ成功だったが、予想に反して、マウスの体には何の影響も現れなかった。影響を調べ、学位論文を書くはずだった徳澤さんは落胆した。

ところが、このマウスの細胞がのちに、iPS細胞の開発過程で重要な役割を果たす。山中さんが、iPS細胞が本当に受精卵のような状態に「初期化」できているかを見分けるための道具として使ったのだ。詳しい説明は専門的になるので省くが、Fbx15を壊したことがマウスの体に影響を及ぼさないからこそ、できたことだった。徳澤さんは「私にとっては欠点でしかなかった結果を、山中先生は発想を転換し、いちばんいいかたちで生かしてくれた。転んでもただでは起きないところが、先生のすごいところ」と話す。

なお、徳澤さんはその後、「Klf4」という遺伝子を解析し、ES細胞特有の性質を維持するのに役立っていることを突き止めたが、この遺伝子はのちに、体細胞を初期化してiPS細胞に変化させる際の「山中四因子」の一つであることがわかった。山中さんは、高橋さん、徳澤さん、一阪さんの三人を「iPS細胞開発の立役者」と呼び、ストックホルムであったノーベル賞の記念講演でも、顔写真のスライドとともに紹介している。

京大 iPS 細胞研究所にて

2010 年 11 月 16 日、「特別授業」で高校生と対話

■山中研初期メンバーの現在

いまも山中さんと一緒に研究する高橋さんと一阪さん以外のメンバーは、二～五年で山中研を巣立ったが、二〇一二年一二月時点で全員が研究活動に携わる。三井さんはES細胞、徳澤さんは難病解明の研究にそれぞれ取り組む。徳澤さんのいる研究チームはiPS細胞を使っており、徳澤さんは「今後、いい成果が出て患者さんに還元できたら、山中先生へのいちばんの恩返しになると思う」。より生活に密着した研究がしたいと希望した海保さんは、修士課程修了後、民間企業で研究する道を選んだ。山中さんは博士課程への進学を進めたが、海保さんの決意が固いのを知ると、親身に相談に乗り、励ましてくれたという。滝川さんも、山中研で身につけた技術を生かし、再生医療の関連会社で働く。

「一生の宝物となる経験」(三井さん)。「あのメンバーだったからこそいい雰囲気がつくられ、皆さん一致団結して研究に邁進してこられたのだと思う」(一阪さん)。「いまの考え方や価値観のもとになった」（徳澤さん）。「山中先生がｉＰＳ細胞研究をやめても、あるいはゴールに到達しても、じゃあまた一緒にやろうか、と言ってくれたらやると思う」（高橋さん）。「あのときなくしていまはありえない」（海保さん）。「いまの仕事につながっている」（滝川さん）。
山中研で過ごした日々は、一人ひとりにとって、かけがえのない財産になっている。

❖山中研初期メンバー（二〇一二年一二月現在）
山中伸弥　京都大学ｉＰＳ細胞研究所所長
三井　薫　鹿児島大学講師
一阪朋子　京都大学ｉＰＳ細胞研究所テクニカルスタッフ
徳澤佳美　埼玉医科大学ゲノム医学研究センター特任研究員
海保英子　花王株式会社研究員
高橋和利　京都大学ｉＰＳ細胞研究所講師
滝川千尋　ジェノミックス研究員

三　愛弟子、そして、共同研究者・高橋和利さん

「感謝しかありません」
山中伸弥教授は、ノーベル医学生理学賞受賞決定を受けての一〇月八日夜の記者会見で、家族や同

僚、友人らとともに、一人の若手研究者の名を挙げて謝意を伝えた。京都大学ｉＰＳ細胞研究所講師の高橋和利さんだ。無名時代から山中さんを支え続ける愛弟子であり、ｉＰＳ細胞の発見に導いた同志だ。

「大変光栄です。ただ、僕だけでなく、同僚たちの誰一人が欠けてもできなかった成果です」。翌九日未明、高橋さんは出張先の千葉県成田市のホテルで、山中さんが高橋さんの名前を挙げたことについて、冷静に喜びを語った。

高橋さんと山中さんは、奈良先端科学技術大学院大学で出会った。高橋さんが入学したのは二〇〇〇年。山中さんが奈良先端大ではじめて自分の研究室をもった翌年のことだった。高橋さんは、畑違いの工学部出身。しかし、「知識のない人をわかった気にさせるような研究紹介」にひかれて、山中研究室の門をたたき、一から生物学に取り組んだ。

「成績はいちばん悪く、経験も実績もない落ちこぼれ」。高橋さんは、当時の自分を振り返る。それでも恩師は、器具の握り方から実験のやり方を手取り足取り指導してくれた。それから五年後の夏、山中さんを追って移った京大の研究室でｉＰＳ細胞の作製にはじめて成功した。

世紀の発見だったが、論文発表までの約一年は、山中さんと二人で同僚にも秘密を貫いた。この分野の国際競争は激しく、数週間程度でまねをされてｉＰＳ細胞を作製できるほど簡単な方法だったからだ。高橋さんは「山中先生のもとで研究を始めて残した実験ノートは一〇〇〇ページ以上。そのなかで、あのときはたった一ページの出来事なんです」。

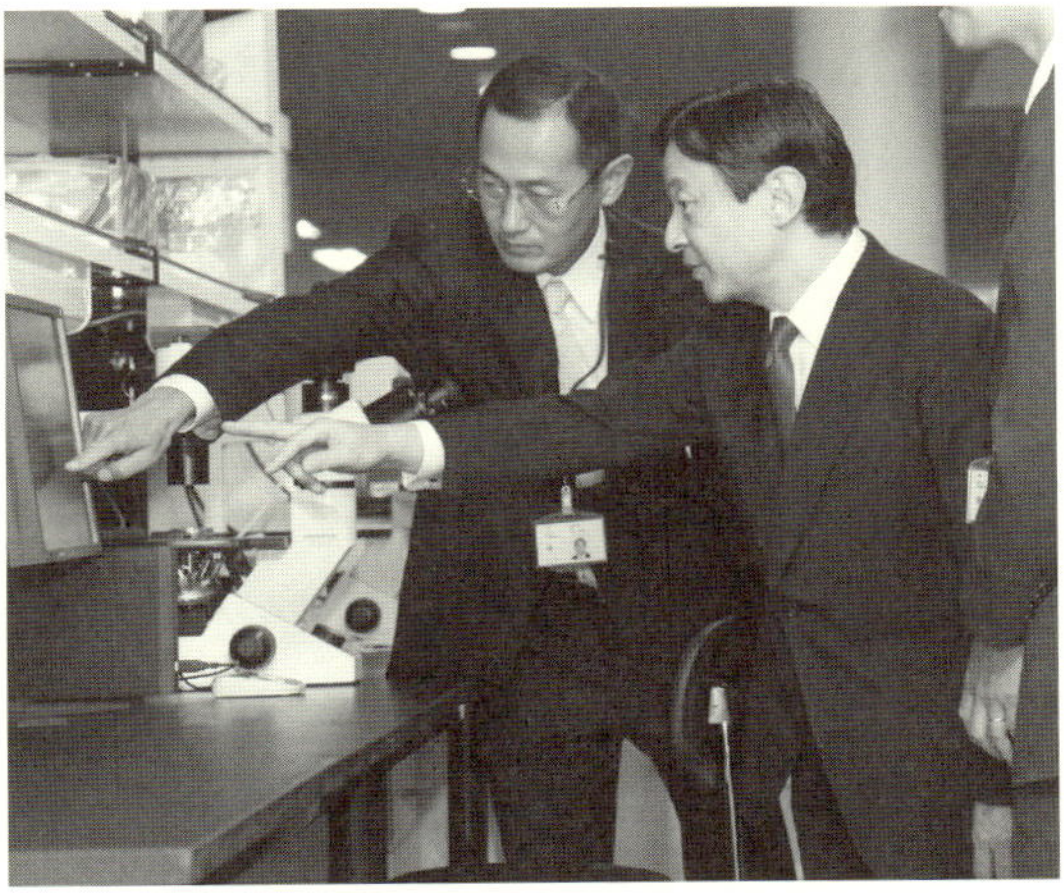

京大 iPS 細胞研究所を視察された皇太子さまと（2011 年 10 月 29 日、代表撮影）

春の園遊会にて、天皇、皇后両陛下と（赤坂御苑、2013 年 4 月 18 日）

山中さんのノーベル賞受賞決定から間もなく、米ニューヨーク幹細胞財団が高橋さんに、優れた業績をあげた幹細胞分野の若手研究者に贈る「ロバートソン賞」を授与することを決めた。同賞は今年が二回目で日本人の受賞ははじめて。賞金二〇万ドルが贈られる。同財団は「幹細胞研究にまったく新たな領域を切り開いた」と称賛し、その後も効率的なｉＰＳ細胞の作製方法や品質評価などの研究を進めていると評価した。

ノーベル賞の晩さん会で、ガードン博士があいさつのなかで取り上げてくれたことを喜ぶ高橋さん。しかし、浮かれることなく「まだ、ｉＰＳ細胞で誰の命も救っていない。昔にひたるよりも、僕たちは前に向かっている。山中先生もきっとそうだと思います」と気持ちを引き締めた。

日本人ノーベル賞受賞者一覧③

白川英樹氏（化学賞、二〇〇〇年）

筑波大学名誉教授。絶縁体と考えられていたプラスチックに電気を流す導電性をもたせることに成功した。発光ダイオードや太陽光発電素子、携帯電話のディスプレーなど、現代生活を支える電子機器の開発に貢献した。触媒の量を間違って一〇〇〇倍も多く入れるという実験の失敗が、その後の大発見につながった。

野依《のより》良治氏（化学賞、二〇〇一年）
　理化学研究所理事長。物質を化学的に合成する際、自然には存在しない似た型の物質が同時にできてしまうのが難点だったが、触媒を工夫することで、ほしい型だけを選んでつくりだせる「不斉合成」法を開発した。香料のメントールやアミノ酸の大量生産を実現し、医薬・食品開発などに貢献した。

小柴昌俊氏（物理学賞、二〇〇二年）
　東京大学名誉教授。一九八七年二月の大マゼラン星雲の超新星爆発で降り注いだ謎の素粒子・ニュートリノを、独自に考案した岐阜県神岡町の観測施設「カミオカンデ」でとらえることに成功した。「ニュートリノ天文学」の扉を開き、後継装置の「スーパーカミオカンデ」はニュートリノに質量があることを示した。

田中耕一（化学賞、二〇〇二年）
　たんぱく質などの生体高分子の質量を精密に計測することを可能にする新手法を開発。ヒトゲノム（ヒト全遺伝情報）の解析が終わり、生命科学の焦点が遺伝子がつくりだすたんぱく質の解析に移るなかで、不可欠な技術とされた。現職の企業研究者として初の受賞。

column

なるほドリ「幹細胞って何?」

なるほドリ　iPS細胞は日本語で「人工多能性幹細胞」っていうんだね。幹細胞って何?

記者　人の体は、約六〇兆個のさまざまな細胞でつくられています。それらをつくりだす「もと」が幹細胞です。古くなった細胞を置き換えたり、病気などで失われた細胞を補うための新しい細胞は、幹細胞からつくられています。

Q　ふつうの細胞とは、どう違うの?

A　たとえば皮膚など体をつくっている細胞は体細胞と呼ばれ、細胞分裂によって自分と同じ細胞をつくることができます。しかし、分裂を数十回繰り返すと止まり、それ以上は補えなくなります。その不足をカバーするのが幹細胞です。生きているかぎり複製を続けて必要な細胞を増やし続けるので、傷ができてもきれいに治るのです。

Q　人間以外の動物も幹細胞をもっているの?

A　「プラナリア」という動物は、ヒルに似た一センチほどの体を、たとえば一ミリずつ一〇個に切り分けると、それぞれが完全な体に再生されて一〇匹のプラナリアになります。イモリはしっぽを切ってもやがて生えてきます。これらは幹細胞の働きによります。

Q　人間は指や足を失っても二度と生えてこないよね。何が違うの。

A　プラナリアやイモリは、あらゆる細胞に変化できる「多能性幹細胞」を一生のあいだ、もち続けます。人間の場合、受精卵には体のあらゆる細胞になる能力（多能性）がありますが、受精後間もなく、存在しなくなります。ES細胞や、山中教授が開発したiPS細胞は人工的につくられた多能性幹細胞です。

Q　ほかには、どんな幹細胞があるの？

A　人の体のなかに「体性幹細胞」と呼ばれるものが存在します。臓器ごとに決まった役割をもつ細胞を必要に応じてつくる特徴があり、複数の種類の細胞をつくりだせる「間葉系幹細胞」、赤血球や白血球などの細胞になる「造血幹細胞」も、体性幹細胞の一種です。造血幹細胞を白血病患者に使う治療が進み、間葉系幹細胞を使って軟骨を再生させる臨床研究も始まっています。ただし、体内にある幹細胞の量が限られ、体外で増やしにくいという課題もあります。それぞれの幹細胞がもつ特徴にあった治療法の開発が期待されています。

ガードン博士と

column

【記者の目】

倫理的課題、社会全体で議論を

須田桃子

二〇一二年のノーベル医学生理学賞が人工多能性幹細胞（iPS細胞）を開発した京都大学iPS細胞研究所長の山中伸弥教授に決まった。さまざまな細胞や組織に成長する能力をもつiPS細胞は、難病と闘いながら再生医療や新薬の実現を待ち望む人々の希望のともしびとなっている。医療を劇的に変え、人類の生命観や生物としてのあり方も変える可能性を秘めた画期的な技術を、人類の幸福に役立てるために、どんな課題を解決しなければならないのか。今回の受賞を機会に国民全体で考える必要があると思う。

〇六年、マウスのiPS細胞作製に成功したと発表されたときから、私は、山中教授とiPS細胞の取材を続けてきた。研究が急速に進むなか、「患者の役に立ちたい」という誠実な気持ちを抱き続ける山中教授の一貫した姿勢に共感した。それだけに、二〇一二年一〇月八日、緊張した面持ちで受賞決定の会見に臨む山中教授を目の当たりにしたときは、感慨に胸が熱くなった。

授賞理由は「成熟した細胞を、多能性をもつ状態に初期化できることの発見」。細胞レベルで時計を巻き戻すタイムマシンを実現したことを意味するこの発見は、世界中の研究者を驚かせた。

「初期化」は、山中教授と共同受賞する英ケンブリッジ大学のジョン・ガードン博士が先駆者だ。アフリカツメガエルでクローンオタマジャクシをつくることに世界ではじめて成功した。細胞からDNAが収まる核を取り出し、あらかじめ核を取り除いた未受精の卵子に入れる手法だ。山中教授は、四種類の遺伝子を組み込む簡単な操作で、ヒトやマウスの体細胞を初期化した。山中教授が生まれたのは、ガードン博士がクローンの作製に成功した六二年。二人の運命に奇遇を感じる。

具体的な仕組み、完全解明はまだ

クローン技術とiPS細胞の研究で、生命科学への理解は大きく進んだ。たとえば、体を構成す

る細胞の核の一つひとつに、体全体の遺伝情報がすべて保存されていることがわかった。だが、研究面では、残された課題や解明すべき疑問がまだまだある。「初期化」について、体細胞の時計の針が巻き戻される具体的な仕組みは完全には解明されていない。ｉＰＳ細胞はあらゆる細胞に分化するものの、初期化に使うもとの体細胞の種類によって、分化のしやすさが異なる理由も不明だ。

これらの謎解きに取り組むことは、生命に対する理解をより深めることになるし、こうした研究こそ、結果的に臨床応用に向けた安全性の担保につながるはずだ。

一方、再生医療や新薬の開発、病気の解明などの研究は着実に成果が出ているとはいえ、まだ患者の手には届いていない。山中教授も「ｉＰＳという技術は万能細胞と呼ばれ、『今日、明日にでも病気が治る』と誤解を与えているかもしれない。新薬開発や医学の役に立ったという段階ではない」と話す。さらにｉＰＳ細胞の研究の進展で、新たな倫理的課題が生まれていることは見逃せない。

ここ数年でとくに印象に残ったのは、東京大学などのチームがマウスの体内でラットのｉＰＳ細胞由来の膵臓をつくったことだ。チームはさらにブタの体内でヒトの膵臓をつくる研究を計画している。ヒトの臓器を得るため動物の生命を操作してよいのか。動物の体内でつくったヒトの臓器を受け入れられるのか。議論が必要だ。

また、京都大学のチームは、マウスのｉＰＳ細胞から卵子や精子をつくりだした。ヒトの細胞でも研究が加速し、不妊の原因解明や治療法の開発に役立つと期待されている。しかし、理論上、人工的に生命を誕生させることが可能になるため、研究には生命倫理の観点から慎重論が強い。

科学技術は「もろ刃の剣」

山中教授は二〇一一年一二月、福島第一原発事故について、「人類を幸せにするはずの技術が一瞬にして多くの方を苦しめる結果になった。私たちは新しい技術を開発し、役立ちたいと思って研究を続けているが、一歩間違えると多くの方を苦しめることになりかねない」と心境を語った。科学技術は「もろ刃の剣」になりうるという認識を示したこの言葉は、ｉＰＳ細胞の研究にも当てはまる。受賞決定を受けての一〇月八日の会見でも「倫理的な議論をしておかないと科学技術のほうが早く進む」と話し、ｉＰＳ細胞研究所で倫理の専門家を迎えて体制を整える考えを示した。

ノーベル賞受賞が決まったいまこそ、初期化の根幹に迫る基礎研究をより充実させるとともに、社会全体で倫理的な課題を本格的に議論を始めるときではないか。それが結果的に、ｉＰＳ細胞の実用化への近道となるはずだ。

（二〇一二年一〇月一一日の毎日新聞朝刊から）

第4章

iPS細胞最前線

——再生医療と創薬へ

扉写真：シャーレの中のiPS細胞を見つめる山中さん

一　ｉＰＳ細胞

■いろいろな細胞に変身

生き物の体は「細胞」と呼ばれる部品からできている。人間では約二七〇種類、全部で六〇兆個にもなる。細胞の一つひとつに寿命があり、次々と新しい細胞と入れ替わる。たとえば、お風呂に入らないと、皮膚に垢がたまるが、これは古くなって死んだ皮膚の細胞だ。体のなかで死んだ細胞は、排泄物などとして体の外に出される。細胞はたえず入れ替わっているが、皮膚の細胞が突然、骨や心臓になることはない。なぜなら、命のもとである、受精卵が二個、四個、八個……と分かれ、あらゆる種類の細胞がつくられて体ができていく途中で「ここの部分ではこの種類の細胞しかつくりません」と決まるからだ。

山中さんは二〇〇六年、マウスの皮膚の細胞にある工夫をして、世界ではじめてｉＰＳ細胞をつくりだした。皮膚の細胞はいくら増やしても皮膚の細胞にしかならないはずなのに、ｉＰＳ細胞にしたとたん、その細胞が心臓や筋肉や神経など、いろんな細胞になっていく。まるで、タイムマシンに乗って母親のおなかのなかに戻ったみたいに、受精卵と同じ性質を取り戻すことができたのだ。

工夫したのは、四つの遺伝子を使ったことだった。建物を建てるときに設計図が必要なように、私たちの体も設計図に従ってつくられ、その設計図こそが遺伝子だ。人間の遺伝子は二万以上もある。

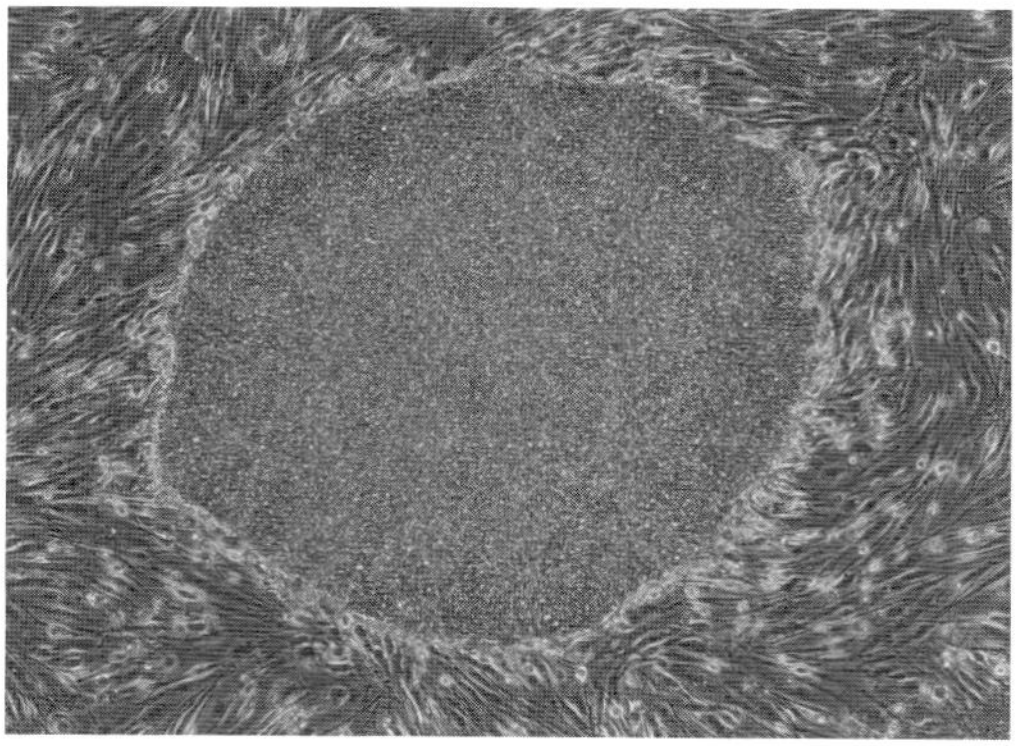

ヒト iPS 細胞（京都大学 iPS 細胞研究所提供）

山中さんは以前、少し大きくなった受精卵（胚）からつくった「ＥＳ細胞（胚性幹細胞）」という細胞を研究していた。ＥＳ細胞も、いろいろな細胞になれる能力（多能性）をもっているが、受精卵を壊さなければならないため、同じ働きをする細胞を大人の細胞からつくりだそうと考えた。

まずＥＳ細胞に多能性をもつよう指令している遺伝子を一〇〇個選んだ。それを二四個まで絞り、試しにネズミの皮膚細胞に入れてみたら、ＥＳ細胞そっくりの細胞ができたという。実験を繰り返し「これ以上、何が欠けても駄目」という四個が判明。この四個の遺伝子が、大人の細胞をｉＰＳ細胞に変身させた。

〇七年一一月には、ヒトの細胞を使ってｉＰＳ細胞をつくりだすことも成功し、論文発表した。

■治せない病気、治せる可能性も

ｉＰＳ細胞は「人の手でつくった、多能性をもちすべて

1980 年 6 月 1 日、高校の修学旅行で釧路湿原を訪れる（平田修一さん提供）

大教大付属天王寺中学 3 年生時代の山中さん（中）。同級生とともに当時の恩師、大仲政憲さんの自宅を訪れた（大仲政憲さん提供）

2010 年 9 月 19 日、神戸大学時代に友人の平田修一さん（中央）と同居したマンションを再訪（平田修一さん提供）

の細胞のもとになる」という英単語の頭文字だ。ｉだけ小文字にしたのは、携帯音楽プレーヤーの「ｉＰｏｄ」（アイポッド）のように広く使ってもらいたかったからだといい、山中さん自身が命名した。

ｉＰＳ細胞の応用により、いまは治すのが難しい病気を将来治せる可能性がある。たとえば脳の神経が働かず、手足を動かせなくなる病気の患者の細胞からｉＰＳ細胞をつくり、元気な神経をつくりだして脳に入れることで治るかもしれないし、病気を治す薬を新しくつくるとき、その効き目や、体に悪さをしないかを、ｉＰＳ細胞からつくった神経にふりかけて試してみることもできる。つまり、再生医療や創薬への応用が期待されるというわけだ。

ｉＰＳ細胞は「一度、特定の種類の細胞になったら、もとに戻ることはない」というこれまでの常識を変えただけでなく、病気の人を元気にする可能性も秘めている。

山中伸弥名言集メモ⑥

◆「（若い人たちへのメッセージを問われて）私もまだ若いつもり……。」（二〇一二年一〇月八日、ノーベル賞受賞決定の記者会見で）

◆「（ユーモアをどこで覚えたか、と質問されて）本当は僕はもっと面白い人間だと思う。これだけの人（記者）を前にすると、うまいこと言えない。（京大）総長も横にいるし……。大阪生まれの大阪育ちなので、ある程度は自然と身に着いていたのかもしれないが、アメリカでプレゼンの大切さをたたき込まれた。いかに人の心をつかむか。そのためには笑いの一つもとらないとだめだ。」（一二年一〇月八日、ノーベル賞受賞決定の記者会見で）

◆「（臨床まで進んでいない段階での受賞について）医学応用につなげるのが、私の責任。今後はすみやかに研究の現場に戻って研究に専念し、学生の面倒をみたい。過去の業績に対する賞ではなく、発展に対する期待の意味もあると思うので、現役の研究者として取り組んでいきたい。」（一二年一〇月八日、ノーベル賞受賞決定の記者会見で）

◆「（発表から一夜明けての感想を問われて）感謝と責任という二つの気持ちを強くもっている。」（一二年一〇月九日、夫婦での記者会見で）

◆「（発表）前日の京都市で開かれた国際会議で、司会をしていた（賞選考機関であるスウェーデンの）カロリンスカ研究所の所長が（私に）ウインクをした気がした。」（一二年一〇月一二日、セミナーでの講演で）

二　ノーベル賞後の動き

ｉＰＳ細胞の研究は日進月歩で、状況も目まぐるしく変わっていく。山中さんのノーベル医学生理学賞受賞後もさまざまな動きがあった。なかでも最大のニュースは、理化学研究所などによるｉＰＳ細胞を使った初の臨床研究の実施が決まったことだろう。ほかにも、国がｉＰＳ細胞を中心とした再生医療研究に今後一〇年間で一一〇〇億円の助成を決めるなど、ｉＰＳ細胞の実用化に向けた研究はますます加速しそうだ。「ノーベル賞後」の主な動きを紹介する。

■政府の支援

下村博文・文部科学相は二〇一三年一月一〇日、ノーベル医学生理学賞を受賞した山中さんが開発したｉＰＳ細胞を使った研究に、今後一〇年間で一一〇〇億円規模の長期的な支援を行う方針を明らかにした。

文科省は一二年度の補正予算案で、ｉＰＳ細胞研究に二〇〇億円を要求した。臨床応用の実現に向け、一三年度予算の概算要求で約九〇億円を計上し、京大を研究の中核拠点として、集中的に研究費を投じた。同規模の支援を一〇年間継続する。

山中さんは、資金や人材の不足が原因で、日本のｉＰＳ細胞研究が他国に後れをとっていると指摘

報道陣に公開された京大 iPS 細胞研究所で（2010 年 5 月 8 日）

してきた。文科省が一二年度にｉＰＳ細胞の臨床応用のために計上した予算は約四五億円だが、山中さんが所属するアメリカの研究所の予算は年六〇億円。環境が整った海外に優秀な人材が集まっているという。

同日、山中さんの表敬を受けた下村文科相は「いままで国が一つの分野にこれだけ支援することはなかったのではないか」と話した。

また、安倍晋三首相は四月、東京・日本記者クラブで「成長戦略第一弾」を公表した際、「この分野の研究で日本が世界一なのは間違いない。実用化、産業化を進めるため大胆に規制・制度を見直したい」と、再生医療振興への熱意を力説した。

■初の臨床研究実施へ

理化学研究所と先端医療振興財団（神戸市）は一三年七月三〇日、ｉＰＳ細胞を目の病気「加齢黄斑変性」の治療に使う臨床研究を八月一日に始めると発表した。ｉＰＳ細胞を使った臨床研究は世界初となる。同日から研究対象の患者を募集し、早ければ一四年夏にも一例目の移植手術が実施される。

加齢黄斑変性は、目の奥にある網膜中心部の「黄斑」が年齢とともに異常をきたす病気だ。視野の真ん中がゆがんだり暗くなったりし、悪化すると失明につながる。日本の患者は推定約七〇万人。日本人に多いのは、網膜の裏にできる余分な血管からの出血が原因となる「滲出型」。近年承認された「抗VEGF薬」などが有効だが、症状がよくならない人が二～三割いる。

臨床研究は、理研発生・再生科学総合研究センター（神戸市）の高橋政代プロジェクトリーダーらが計画した。「滲出型」の患者のうち、既存の薬が効かず、矯正視力が〇・三未満の五〇歳以上の六人を選ぶ。今回の研究の主目的は、治療効果をみることではなく、拒絶反応やがん化の有無など、安全性を確認することだ。

移植する細胞は、患者自身のｉＰＳ細胞からつくる。患者の上腕部の皮膚（直径約四ミリ）を採取し、皮膚細胞に遺伝子を組み込み、ｉＰＳ細胞に変化させる。そのｉＰＳ細胞から「網膜色素上皮細胞」をつくり、培養して移植用の網膜色素上皮細胞シート（縦一・三ミリ、横三ミリ）をつくる。このシートを患者の黄斑の傷んだ部分に移植する。手術は、同センターに隣接する先端医療センター病院で専用の器具を使って実施する。仮にがんになった場合は、レーザーで焼くなどの方法で除去することにしている。

シートの作製には約一〇カ月かかり、一人目の移植は早ければ一四年夏ごろの見通し。会見した高橋プロジェクトリーダーは「非常にうれしいが、まだゴールではない。患者を治せる治療にするのが目標で、今後長い道のりがある」と話した。

理研などは、一三年二月に厚生労働省に実施計画を申請。厚生科学審議会などの審査を経て、厚労相が七月一九日、正式に計画を承認した。

■「世界初」めぐり海外としのぎ

実質的な審議にあたった厚労省のヒト幹細胞臨床研究に関する審査委員会（委員長・永井良三自治医大学長）は六月二六日、移植する細胞の染色体が大きく傷ついていないことなどを確認し、がん化のリスクを可能なかぎり減らすことを条件に審議を終えた。申請から四カ月足らずの承認の背景には、海外と日本が「一番乗り」を争ってしのぎを削る現状がある。

臨床研究計画の申請は二月二八日、その後、三月と五月に審査委が開かれた。三回目は七月末の予定だったが、約一カ月前倒しされた。ある委員は「海外での臨床応用の動きがあり、事務局が結論を急いだのかもしれない」と推測する。

実際、アメリカのバイオ企業が、ｉＰＳ細胞からつくった血小板を血小板減少症の患者に投与する臨床試験を計画し、規制当局への申請手続きを開始するなど、複数の研究グループや企業が、臨床研究・試験の実施を目指す。

再生医療は、経済成長につながる科学技術としても注目されている。安倍政権は成長戦略で欠かせないイノベーションの代表例として、日本生まれのｉＰＳ細胞を利用した再生医療や新しい薬の開発（創薬）を挙げる。この分野が成長すれば、細胞を培養する機器や試薬など、いまは外国製が中心の関連産業も発展し、全体の底上げにつながるという構想だ。そのためにも日本が再生医療でトップをとり、国際的な地位を確保しなければならない――。政府にはそんな思惑がある。

「再生医療以外の専門家にも入ってもらい、議論を重ねた。（十分に）時間をかけ、科学的に妥当だろうと判断した」。永井委員長は承認後の取材で、慎重に審議を進めたことを強調した。

■高橋プロジェクトリーダー「私たちの実践がルールに」

臨床研究を率いる高橋政代プロジェクトリーダーは、三回目の審査委を前に毎日新聞の単独インタビューに応じた。今回の手法による治療が将来実現したとしても「視力〇・〇五とか〇・〇六の方が対象になった場合、ほとんどの人は〇・一くらいにしか回復しないだろう。過度の期待は絶対に避けてほしい」と強調。一方で、治療で網膜が正常になれば、視野のゆがみが減り、視野も明るくなるなど、全体としての「見る」機能は改善すると話した。

ｉＰＳ細胞を使った臨床研究の計画がアメリカでも進むなど、国際的な競争が激しくなるなか、「世界中で誰も、ｉＰＳ細胞を治療で使うための基準をもっていない。私たちがやっていることや考え方が（世界の）基準づくりに反映されルールになっていく。大変さもあるが楽しい」と、「世界初」の意義を語った。また政府が再生医療を強力に推進していることについて「世界初でないと、いま受けている支援が全部なくなるのではないかという危機感はある」とプレッシャーを認めたうえで、「アメリカは企業主導なのに対し、日本は（大学などの）アカデミア主導。ビジネスで突っ走るのではなく、（新しい）治療をつくろうとがんばる日本の姿勢は大事にしたい」と語った。

再生医療の将来については「臨床医として、二〇年たてば医療はまったく変わると実感している。目以外の臓器や組織では安全な細胞を大量に作製しなければならない点でハードルが高いが、三〇年後には問題が解決され、市場も膨らむだろう」との見通しを示した。

■山中さん「ゼロが一に。大きな一歩」

厚労相が臨床研究を承認した四日後、山中さんは毎日新聞の単独インタビューに応じ、「ゼロだったものが一になる大きな一歩」と評価した。

今回の研究の主目的が安全性の確認であることについて、山中さんは「劇的な（症状の）改善はまず期待できず、一般の方が抱くイメージとは少しギャップがあるかもしれない。だが、安全性を長期にわたり確認できることは（実用化に向け）いちばん大切だ」と話した。

目に比べ、大量の細胞が必要になる他の臓器での再生医療や、難病の治療薬については「実現まで時間がかかるのは隠しようのない事実。必ずゴールに着くよう着実に進めている」と慎重な姿勢を崩さなかった。

一問一答は次のとおり。

＊

——臨床研究の実施を「生みの親」としてどうとらえますか。

〇七年にヒトiPS細胞を開発したころ、高橋（政代）さんから「五年で臨床にもっていきます」と言われた。「すごいことを言うな」と思ったが、本当に五年あまりでここまで来た。高橋さんがビジョン（目標）をもち、線路のようにまっすぐゴールに向かってきた成果だ。安全性はきわめて高いと思うが、世界ではじめての移植だ。実際に始まったら私も非常に緊張し、なかなか寝られない日が続くだろう。

——目以外の臓器などへの応用の展望は。

輸血用の赤血球や血小板は、核が含まれず（遺伝子が傷つくことで起こるがん化の恐れがないため）安全面のハードルはもっとも低い。その次が高橋さんの網膜色素上皮細胞。心筋細胞は、心臓移植を待つあいだに亡くなる人が多く、移植までの「つなぎの医療」として使える可能性が高い。どの応用でもリスクはゼロにはならない。リスクとベネフィット（利点）のバランスで、開始時期が決まってくる。私は、iPS細胞を使った新薬開発のほうが大きな可能性をもつのではないかと予想している。

——政府が今年から一〇年で一一〇〇億円の支援を決めたことをどうとらえますか。

額より期間に大きな意味がある。京都大学iPS細胞研究所では、複数のタイプのiPS細胞を保管する「ストック事業」を進めているが、細胞の作製を担う技術員が一〇人程度と足りない。長期にわたる支援は、こうした技術者や専門知識をもつ研究支援スタッフの人材育成に活用できると期待している。

■新たな拠点決定

科学技術振興機構（ＪＳＴ）は二〇一三年三月、ｉＰＳ細胞を使った再生医療の実現のため、病気ごとの研究事業拠点を公募で選定したと発表した。脊髄《せきずい》損傷・脳梗塞《こうそく》など神経疾患、パーキンソン病、網膜色素変性症、重症心不全の四疾患が選ばれた。一二年度で終わる文部科学省の「再生医療の実現化プロジェクト」の後継事業で、実用化に近いとみられる研究を選んだ。一三年度から一〇年間続け、事業費は総額約四三〇億円が見込まれる。

実現化プロジェクトは、拠点を大学や研究機関ごとに設置。それぞれが他の機関と協力して複数の病気の研究を進め、五年間で約二一七億円を使った。だが責任の所在があいまいで、狙った成果が得られていない分野もあり、病気の種類ごとに改めた。

拠点長は、岡野栄之・慶応大学教授（脊髄損傷）、京都大学の高橋淳教授（パーキンソン病）、笹井芳樹・理化学研究所グループ・ディレクター（網膜）、澤芳樹・大阪大学教授（心不全）。三〜五年後に臨床研究を始め、治療応用を目指す。

がん化しにくい再生医療用のｉＰＳ細胞を京都大学ｉＰＳ細胞研究所が作製し、中核拠点として分配する。分配は一三年度から段階的に始め、一四年度に本格実施する。

ｉＰＳ細胞などを使った再生医療の実用化を目指す拠点は七月、さらに五つの研究機関が選ばれた。東京大学、横浜市立大学、京都大学、東京医科歯科大学、理化学研究所の五施設。現状では実用化に至るかどうか、不透明な部分が多いが、もし成功すれば、患者にとって大きな希望となるとの観点で選定された。支援は年一億円で、最長一〇年間、支援を受ける。

研究の具体的な内容は東大、横浜市大、京大がｉＰＳ細胞を使って臓器や組織などの再生医療につなげることを目指す。医科歯科大は腸の粘膜を再生させることに挑む。また、理研はがん免疫治療法の開発を担当する。

■制度改正、世界が注視

ｉＰＳ細胞などを使った再生医療を促す再生医療推進法が一三年四月、参議院本会議で可決、成立した。国には研究開発から実用化までの基本方針を策定して推進・普及する責務があると明記。医療関係者や事業者にも協力を求め、オールジャパンの推進体制をつくる。基本方針は、状況変化に応じて少なくとも三年ごとに内容を検討し、必要に応じて変更する。

推進法案は超党派の議員が提出。国に迅速な研究開発を行い、安全性を確保する責務があるとし、財政、税制上の措置や、大学などへの研究助成や環境整備を義務づけた。また国民が再生医療を受ける際の安全性の基準を設けることも盛り込んだ。一方、再生医療に使われる移植用細胞などを「再生医療製品」としてすみやかに実用化できるよう、薬事法上の承認を早め、審査体制も整備する。

日本の再生医療は、研究や技術開発が進んでいる一方、既存の法律や制度が対応できておらず実用化が遅れていると指摘されてきた。たとえば、再生医療用に細胞からつくった製品を患者の治療に使うには、薬事法の承認が必要だが、審査体制が化学物質を想定しており、承認に時間がかかる。このままでは再生医療研究が進展しても、国民が成果を受けられない事態にもつながると指摘されていた。推進法案は、こうした指摘を受けて、審査の迅速化などを盛り込んだ。

推進法を土台とし、厚労省は六月に閉会した通常国会に、再生医療の早期承認を可能にする薬事法改正案と、不適切な再生医療を規制する再生医療安全確保法案を提出した。再生医療をきちんと進めるための、アクセルとブレーキにあたる。薬事法改正案は、幹細胞などを含む製品を、医薬品とは別に「再生医療製品」と定義。治験で安全性が確認できれば条件付きで早期に販売承認し、有効性は市販後に審査する仕組みを設ける。これに対し、再生医療安全確保法案は、幹細胞を使った治療を行うすべての医療機関に対して、公的審査機関による審査と国の了承を義務づける。使う幹細胞を人体へのリスクで三段階に分類、実施までの手続きをそれぞれ定める。国に無届けで幹細胞投与などをしたり、届け出に虚偽の記載があったりした場合は罰則もある。いずれも国会会期末を迎えて成立は先送りされたが、これらの大胆な制度改正が世界の注目を集めている。

米科学誌『ネイチャー・メディシン』は五月、「日本が幹細胞治療に早期承認制度を提供する」という見出しの記事を載せた。薬事法改正案を「日本は世界最速の承認プロセスをもつことになる」と分析。イギリスの大物幹細胞研究者の「再生医療のため、こんな独自の新しい制度をつくった国は知らない」というコメントとともに紹介した。

「改正によって、私たちが開発した細胞治療の承認を目指すことが可能になる」と、国内のバイオベンチャー幹部は喜ぶ。この幹部は、規制を主眼とした安全確保法案も歓迎。「これまで自由診療で実施されてきた治療も、法にのっとることによって患者や医療機関の信頼を得やすくなる。科学的根拠がない治療との差別化にもなる」。

この「改革」には、経済産業省が深く関わる。経産省の江崎禎英《よしひで》・生物化学産業課長が一二年の着任以来、「日本で再生医療の実用化が進まないのは、再生医療を従来の法律に当てはめようとしているからだ」と、厚労省に制度改正を求めた。当初、厚労省側は反発していたが、同年の山中さんのノーベル賞受賞で風向きが変わり、制度改正が一気に進んだ。

一方、日本の制度改正は、同時に海外企業にも門戸を開くことになる。アメリカの培養機器メーカー幹部は日本の関係者に「これならわれわれは何でもできる」と語ったという。再生医療に関するルールのない日本は、海外からの参入が難しかった。今後は承認手続きが簡略化され、規制を守るかぎり「適正」とのお墨付きがもらえる。将来、海外企業が日本市場を席巻してしまう恐れもある。

経産省は「海外企業の進出は想定の範囲内。むしろ医療機器など、国内の関連産業の発展につながる」と説明するが、再生医療に詳しい研究者は「欧米でも再生医療製品の承認は少なく、企業は手探り状態。海外企業が日本を治験の場に選び、日本人がモルモット（実験台）になる可能性がある」と指摘する。制度が悪用されれば、有効性の審査終了までのあいだに、有効性に乏しい製品で金もうけをたくらむ「モラルハザード（倫理観の欠如）」が横行する恐れもある。

ようやく再生医療に乗り出した日本企業は、百戦錬磨の海外企業から見れば子どものようなもの。バイオ企業でつくるバイオインダストリー協会の堀友繁・先端技術・開発部長は「再生医療産業はシーズ（種子）から成長の段階になりつつある。企業は、海外の動向を把握しながら戦略を立てることが必要だ」と警戒する。

日本発の発明は産業に結びつくのか。日本の本当の実力が問われるのはこれからだ。

ここで時間を戻して、山中さんがノーベル賞受賞前に出席した二つのシンポジウムを振り返る。

三　シンポジウム「ｉＰＳ細胞研究の展望と課題」

ｉＰＳ細胞への理解を広げようと二〇〇八年四月一五日、毎日新聞の主催で、シンポジウム「ｉＰＳ細胞研究の展望と課題」（イギリス大使館、スコットランド国際開発庁共催）が東京都渋谷区の津田ホールで開催された。山中さんのほか、イギリスから招かれた発生学の世界的権威ジョン・ガードン博士と、クローン羊「ドリー」を誕生させたイアン・ウィルムット博士がそろって出席し、体細胞クローンからiＰＳ細胞に至る研究の流れが明らかにされた。西川伸一・理化学研究所幹細胞研究グループ・ディレクターを加えたパネルディスカッションでは、ｉＰＳ細胞の意義や将来像、倫理的問題などが語られ、会場に集まった研究者、患者、一般市民ら約五〇〇人が、生物学の歴史をつくった研究者たちの話に聴き入った。

各氏の話の内容は以下のとおり。

■人の病気治すため研究——京都大学教授・山中伸弥氏

研究を始めたときから尊敬していたガードン先生、万能細胞研究を始めるきっかけとなったウィルムット先生にお会いし、私たちの研究結果を発表できることは研究者人生にとって記念すべき日です。

ES細胞は心臓や神経などのさまざまな細胞に分化させることができます。この性質から創薬や毒性の研究に使うことが期待されています。

しかし、問題点もあります。一つはヒトの受精卵からつくるという点です。治療、医学のためとはいえ、受精卵を使ってよいのかということに対して、反対する人が多いということです。二つ目は患者さんご自身の細胞からつくることは難しいということです。

これを解決できないかと考え、一九九九年に奈良先端科学技術大学院大学で研究室をもったときに、プロジェクトを始めました。体の細胞に特定の因子（遺伝子）を導入することによって、ES細胞と同じような幹細胞をつくることができないかと考えました。その因子を多能性誘導因子（PIF）と呼びます。

ガードン先生の研究によって、カエルの卵子のなかには体細胞の時計を巻き戻すPIFがあることが示されました。ウィルムット先生のドリーにより、哺乳類の卵子のなかにもPIFがあることがわかりました。二〇〇〇年には京都大学の多田高先生の研究で、ＥＳ細胞のなかにもＰＩＦがあることが示されました。そこで、マウスのＥＳ細胞を使った研究を始めました。

その結果、二四個の因子が大事だとわかりました。二〇〇四年に京大に移ってから、線維芽細胞という体細胞に二四個の一つずつを入れてみましたが、万能細胞はできません。次にいくつか組み合わせて入れました。四つを同時に入れると、ＥＳ細胞にそっくりな細胞ができることが〇五年にわかり、これをｉＰＳ細胞と名づけました。論文にしたのは〇六年夏です。さらに、ＥＳ細胞と同様にｉＰＳ細胞からマウスができることがわかり、〇七年に報告しています。

私はもともと整形外科医です。治したいのは人であり、マウスではありません。〇五年からヒトのｉＰＳ細胞づくりに着手しました。マウスの論文発表をしたころには、ヒトでも同じ因子でできることがわかってきました。

いまは四因子のうち、腫瘍の発生に関連する「ミック（ｃ－Ｍｙｃ）」という因子を入れなくてもよいことがわかっていますので、三因子を入れます。それを培養すると、ヒトのＥＳ細胞と区別できないような細胞ができます。慎重にデータを積み重ねて、〇七年一一月に論文発表をしました。

ｉＰＳ細胞はＥＳ細胞と同様にさまざまな細胞に分化します。どくどくと拍動する心臓の細胞もできました。それを見たときは、僕の心臓もどくどくと拍動しました。

ｉＰＳ細胞で何ができるのか。さまざまな病気の患者さんの体の細胞からｉＰＳ細胞をつくり、心臓や神経などの細胞にすることができます。それにより、病気の解明に役立つと期待されます。効果の高い薬のスクリーニング、個人ごとの副作用の検査にも役立つでしょう。安全性を確かめるなど、時間はかかりますが、細胞移植療法にも使える可能性があります。

患者さん一人ひとりからiPS細胞をつくることは高額の費用がかかります。時間もかかります。皮膚細胞からiPS細胞をつくるまでに一カ月、量を増やすのに一カ月、さらに分化させるのに一カ月と、最低でも三カ月かかります。

脊髄損傷は損傷から一〇日ほどで治療しなければ効果が出ません。そこで、iPS細胞バンクをつくってはどうかと考えています。健常な人から皮膚細胞をもらって、iPS細胞をつくっておく。移植には、HLA（白血球の型）という細胞のタイプをあわせなければなりません。タイプの異なる細胞をそろえたバンクをつくっておくのです。

この研究は、多くの若い研究者、学生が一生懸命努力をして成し遂げました。多くの人に役立ちたいのだという純粋な気持ちです。お金もうけのために転用されることは防がなければならないと決意しています。

■難病解明、治療に役立つ——クローン羊「ドリー」生みの親、イアン・ウィルムット氏

核移植には二つの細胞が必要です。まず未受精卵で、ドリーの場合には成熟した雌ヒツジからとりました。遺伝子の情報を提供する体細胞は、成熟雌ヒツジの乳腺組織からとりました。

移植後、電流をかけると、二つの細胞が融合し、細胞が発達を始めます。電流が精子のような役割

を果たします。卵を別の雌ヒツジの子宮に入れて子ヒツジが生まれます。

ドリー以降、さまざまな動物種のクローニングが成功していますが、霊長類はＥＳ細胞は得られるものの、子は生まれていません。なぜかは不明です。

核移植と電流による刺激などの活性化を同時にすることもできるし、活性化を遅らせることもできます。ヒツジではどちらでも差がありません。しかし、牛では活性化を遅らせたほうがよいことがわかりました。マウスでは遅らせることが必須です。なぜ、種によって違うのかはまったくわかっていません。

なぜクローン技術が有用なのでしょうか。日本のビール会社がアメリカの研究に資金を提供し、牛でヒト型抗体を産生することに成功しました。役立つ成果です。たとえば、がんやエイズの患者から組織をとってきて牛に注入し抗体を産生させる。それを患者に入れて疾病関連細胞を破壊するということが可能性としては考えられます。

もう一つ考えられることは遺伝病の研究に役立てることです。筋萎縮性側索硬化症（ＡＬＳ）という病気があります。筋力が低下する難病です。原因はわからず、治療法も確立していません。ＡＬＳの疾患遺伝子をもつ人から細胞をとってきて核移植をしてクローニングすると、患者と健常な人の神経細胞の違いを研究することができます。

ドリーが示したことは、発達を制御するメカニズムはそれほど複雑ではなく、可逆性があるということです。考え方が変わったということがもっとも大切なことだと考えます。

■分化した細胞核に全能性――発生学の世界的権威、ジョン・ガードン氏

私たちは卵への核移植を研究し、細胞核の遺伝的な同一性を実証しました。この研究からクローン羊、ｉＰＳ細胞へとつながっていくわけです。

卵から胚、胎児、成人になっていく発達の過程で、細胞は不可逆的に分化するといわれています。いったん腸の細胞になったら、筋肉の細胞になることはできないということです。しかし、皮膚や腸の細胞核を卵に移植して胚をつくり、心臓や筋肉の細胞に再分化させることができるとわかってきました。

私たちはアフリカツメガエルのクローニングをしました。両生類の卵は大きいので核移植しやすいのです。脊椎動物でははじめてクローニングされたカエルは正常なカエルとして約二〇年生きました。生殖機能も正常でした。この研究から、分化した細胞の核は全能性を有しているということ、三〇パーセント程度の効率で再分化が可能なこと、分化の際にゲノム（全遺伝情報）が保全されていることが実証されました。

現在はどんなメカニズムでリプログラミングが起こるのかを、卵母細胞という成長過程にある卵細胞を使って研究しています。イギリスでは卵を使う研究に対する倫理的憂慮がありますが、私自身は心配していません。

別の人の治療に使う細胞をつくるために、人の生命を殺すことだと批判する人もいます。でも私自身は、胚は移植しないかぎり生命にはならず、胚をその段階の前にとどめれば、生命とはいえない、

倫理的に心配することはないと考えています。

■「時間は不可逆」常識覆す――理化学研究所ディレクター・西川伸一氏

すべての科学的発見には源流があります。ｉＰＳ細胞の一つのルーツはＥＳ細胞です。もう一つのルーツである細胞のリプログラミング（いったん分化した細胞がもとの未分化の細胞に変化すること）については、あまり語られていません。

一八〇〇年代に、ワイスマンという人は分化の際に遺伝子がなくなっていくのではないかと考えました。それが本当かどうかを確かめるために核移植が行われ、分化しても遺伝子が保たれていることがわかりました。のちに、ガードン先生はカエルを使って、おとなの細胞からリプログラミングできるということを示しました。

今日講演される三人の方は、細胞の分化が一方向ではなく、戻りうるということを証明する重要な研究をされました。私たちの文化では、時間の経過は不可逆的だと思ってきました。そうした常識を覆す研究がどのように生まれたのかを、これからお話ししていただきたいと思います。

■パネルディスカッション――「素晴らしい成果」ガードン氏／「国際協力に期待」山中氏

三氏の基調講演に続き、西川氏が加わり、パネルディスカッションが行われた。

――ｉＰＳ細胞研究をどう進めるのかを話したいと思います。まず、ガードン先生、ウィルムット先生にiPS細胞を知ったときの感想をお聞きします。

ガードン　研究成果は素晴らしい。体細胞を直接ES細胞に変換することは考えてもいませんでした。ただ、卵子はリプログラミングを一〇〇パーセント成功させるユニークな能力をもっており、卵子への関心は残っています。

ウィルムット　ここで確立された手順は有用であり、私たちはこの手法を使って、ALSなどの疾病の解明に役立てています。iPS細胞が安全であるということを、時間をかけて確認する必要があると思います。

――iPS細胞研究はクローン胚研究に完全に置き換わるのでしょうか。

ウィルムット　ES細胞から学ぶことはまだたくさんあり、研究は続けるべきです。しかし、近い将来、iPS細胞が胚由来の幹細胞と同じだとわかり、iPS細胞が唯一使うべき細胞となる日が来るでしょう。

――倫理的な側面をどう考えますか。

ガードン　毎年、頼まれて聖職者にレクチャーをします。私たちの考え方に対し、敵意をもつ聖職者は少なくない。研究により、初期段階の限られた胚を失うけれども、潜在的な利益があると説明しています。だんだんと多くの聖職者が支持してくれるようになり、昨年は八五パーセントが研究を続けるべきだと言ってくれました。

ウィルムット　私はほぼ六〇年生きていますが、その間、数多くの発見がありました。抗生物質の

右から山中さん、ウィルムット博士、ガードン博士

発見、人工授精、臓器移植、新しい化合物の開発など。私たちが問うべきことは、なぜもっと早く治療法を開発できないのかです。たとえば、ＡＬＳやパーキンソン病などは治療法がほしいのです。そして、治療法ができたときに世界中の人たちが使えるようにするために、どうしたらよいのかということです。これのほうが私にとって（倫理的問題よりも）重要な問題です。

山中　培養器のなかにあるヒトの受精卵を顕微鏡で見たとき、ものとは思えません。その感覚は失いたくない。一方、病院が火事になり、そこに培養されている受精卵と自力で動けない患者さんがいるとしたら、当然、受精卵を放置して患者さんを助けます。患者さんを救うのに受精卵を使ったＥＳ細胞しか方法がないのであれば、受精卵を使うべきです。しかし、技術が進んで受精卵を使わなくてもできるようになれば、両方を大事にすべきだと思います。

将来、ｉＰＳ細胞から精子や卵子ができてしまう可能性があります。新たな倫理的課題をつくりだしていると感じています。野放しにしないことが必要です。

――日本ではiPS細胞への期待が大きく、政府はこれまでにない速さで支援体制をつくりました。イギリスではいかがですか。

ガードン　イギリス国民はiPS細胞研究の成果に感動していると思います。ただし、過去に科学技術や医療の進歩についての期待が裏切られる経験をしているため、過剰な期待はよくないという国民感情もあります。難病が近い将来、治癒可能になるとは思っていないでしょう。

――国際協力をどうすべきか、アイデアはありますか。

ガードン　iPS細胞研究の重要性は多くの人たちが理解し、研究者どうしが知識を共有しています。複雑な国際協力の枠組みを確立しなくても研究は進展すると思います。

山中　iPS細胞研究はヒトゲノム計画のように一国では予算的にも研究者の数からもできない研究とは違い、手技が簡単で小さな研究室でもできます。しかし、私が期待しているのは、病気の方の細胞からiPS細胞をつくって病気の解明や創薬に使いたいということです。世界のいろいろな国の方のiPS細胞を同じ手法でつくって、誰でも使えるバンクを設立するような協力は早い時期に必要だと思います。

ウィルムット　ES細胞の研究で連携している国際グループがあります。そういった連携があれば、進展が加速されると思います。

西川　早く患者さんのために使えるようにするということがいちばん重要です。皆が知的財産の所

ウィルムット博士（中）、ガードン博士（右）と握手

有権を主張しあって争っていては仕方がない。イギリスやアメリカが一〇〇〇人のゲノムを読み取るプロジェクトを進めていますが、すべてゲノムがわかっている方のｉＰＳ細胞ができると、さまざまなかたちで使えます。

――ＡＬＳ患者にとって、ｉＰＳ細胞は希望につながるかという質問が来ています。

山中　いまは何もできません。そのことをできるだけ正確に伝えるように努めています。しかし、いまの患者さんからつくったｉＰＳ細胞の研究は、将来の患者さんに役に立つ可能性は十分にあると感じています。

西川　私たちの研究所にかつて、医学部出身で突発性心筋症の研究者が入ってきました。研究所に来た動機は自分の体を治すためだったのですが、選んだ研究テーマはＤＮＡについてのきわめて基礎の研究でした。心臓発作で亡くなってしまいましたが、回り道のように見えることがじつは大切なのです。

患者さんたちが集まって力をあわせると、研究は進みます。多くの人が参加する仕組みをつくることが必要だと思います。

日本人ノーベル賞受賞者一覧④

南部陽一郎、益川敏英、小林誠（物理学賞、二〇〇八年）

南部氏は「対称性の自発的な破れ」をはじめて素粒子の世界に導入、益川、小林の両氏は三種類しか存在が確認されていなかった素粒子クォークが三世代六種類以上あることが必要だとする「六元クォーク模型」を考案するなどし、素粒子の世界に存在する「破れ」と呼ばれる非対称性の理論化に取り組んだ。

下村脩《おさむ》（化学賞、二〇〇八年）

クラゲから取り出した緑色蛍光たんぱく質（ＧＦＰ）に紫外線を当てると緑色に輝くことを発見。ＧＦＰによる標識法は創薬や生命科学に不可欠な技術として普及し、その貢献度が評価された。

鈴木章、根岸英一（化学賞、二〇一〇年）

二種類の有機化合物を、金属のパラジウムを仲介役（触媒）に使って結合させる「クロスカップリング」と呼ばれる化学反応をそれぞれ独自に発見し、医薬品製造やエレクトロニクス分野で、さまざまな新しい物質の合成を可能にした。

山中伸弥（医学生理学賞、二〇一二年）
マウスの皮膚細胞に四種類の遺伝子を入れることで、あらゆる組織や臓器に分化する能力と高い増殖能力をもつ「人工多能性幹細胞（ｉＰＳ細胞）」をつくりだすことに成功。拒絶反応の少ない再生医療や難病の仕組みの解明などにつながる革新的な功績が評価された。

四　シンポジウム「ｉＰＳ細胞が切り拓く今後の医学研究」

ｉＰＳ細胞の臨床応用を展望するシンポジウム「ｉＰＳ細胞が切り拓く今後の医学研究」（慶応大学研究推進センター、慶応大学ｉＰＳ細胞研究拠点主催、毎日新聞社共催）が二〇〇九年二月四日、東京都港区の慶応大学三田キャンパスで開かれた。慶応義塾創立一五〇年（〇八年）を記念する第五回慶応義塾先端科学技術シンポジウムとして開催され、山中教授や岡野栄之・慶応大学医学部教授のほか、ｉＰＳ細胞研究の四拠点を代表する研究者らが、研究の最前線などを発表した。会場には、研究者や学生、患者団体、市民ら約九〇〇人が集まり、熱心に耳を傾けた。

シンポジウムは、安西祐一郎塾長のあいさつののち、司会の青野由利・毎日新聞論説委員がｉＰＳ

細胞研究の全体像を紹介。最初に、文部科学省ライフサイエンス課の菱山豊課長がiPS細胞研究に関する政策を説明した。国は「iPS細胞研究等の加速に向けた総合戦略」を策定し、研究を支援している。文科省の〇九年度予算案では、iPS研究に関連する予算が四五億円計上された。菱山課長は「iPS細胞研究が重要だと考え、集中して予算を確保した。iPSへの期待は大きく、皆さんのご支援を賜りたい」と訴えた。

続いて、山中さんが特別講演した。iPS細胞の可能性と課題についてわかりやすく解説したのち、iPS細胞をつくる際に導入された四遺伝子を題材にした。ミックは皮膚細胞などからiPS細胞をつくる際に導入された四遺伝子のうちの一つ。がん遺伝子としても知られる。山中さんは「ミックは腫瘍形成という点では悪者だが、完全な初期化を促進するという善の部分もある。初期化が不完全だと未分化の細胞が残り、特殊な腫瘍ができる。単純に化合物に置き換えるのがいいのかどうかは疑問だ。ミック君の運命はどうなるのか。このことからもわかるように、iPS細胞研究は奥が深い」と、ユーモアを交えながら問題提起をした。

＊

講演では、治療を視野に入れた研究が次々に報告された。

坪田一男・慶応大学教授は「九九年に角膜の幹細胞移植例を発表し、世界に先駆けた体細胞の移植として注目された。幹細胞による再生医療はすでに実現している」と現状を報告、「マウスでiPS

細胞から角膜の細胞をつくることができた。近い将来、ヒト細胞でもできる。ｉＰＳの出現によって涙腺の再生医療の道筋も見えてきて、患者さんを治せる希望が生まれた」と語った。

中内啓光・東京大学教授らのグループも世界に先駆けて、止血作用をもつ血小板をマウスとヒトのＥＳ細胞からつくった実績をもつ。同じ培養系で、ｉＰＳ細胞でも血小板をつくることに成功した。中内教授は「出血系疾患の患者さん由来のｉＰＳ細胞を遺伝子修復して、正常な血小板をつくって自己輸血することが、理論的には可能な段階になった」と先端の研究を報告した。

高橋政代・理化学研究所網膜再生医療研究チームリーダーはサルのＥＳ細胞からつくった網膜色素上皮移植成功などの実績をふまえ、ｉＰＳ由来の色素上皮細胞や視細胞の作製に取り組んでいると報告し、「再生医療は必ず主流になる治療法であり、企業の協力があれば、臨床応用がより早く進む」と訴えた。

福田恵一・慶応大学教授は心筋細胞のシートをつくって、心筋梗塞部分を修復できることを動物実験で明らかにした。心筋細胞は移植後に大きくなり、周辺から血管が入り込んで血液が供給されることも確かめた。「まずＥＳ細胞で臨床試験をして、安全性が担保された時点でｉＰＳ細胞の臨床試験に取り組みたい。いままで思っていたよりも簡単かもしれない。数年後が楽しみだ」と述べた。

体細胞のなかでも、ｉＰＳ細胞にしやすい細胞とそうではない細胞とがある。松崎有未・慶応大学特別研究准教授は細胞ごとに検討した結果として、「脂肪や骨などに分化する間葉系幹細胞だと高品質のｉＰＳ細胞ができる」と報告した。

岡野栄之・慶応大学教授はiPS細胞を使った中枢神経系再生の世界最先端の成果を詳しく発表し、「ゴールが近づいてきた」と手ごたえを語った。

＊

iPS細胞をめぐっては、京都大学のほか、アメリカの大学や企業などが特許を申請し、特許権をめぐる競争が活発に展開されている。羽鳥賢一・慶応大学知的資産センター所長はiPS細胞をめぐる特許が出願された経過を時系列的に説明したうえで、「大学の特許収入はアメリカでは年間二〇〇〇億円を超えている一方、日本は一三億円しかない。アメリカには仮出願制度があるが、日本にはないなど、日米の特許制度には違いがある。アメリカの制度をよく理解して対応する必要がある」と訴えた。

iPS細胞研究には製薬会社などの企業の関心も高い。中西淳・武田薬品工業開拓研究所主席研究員は「iPS細胞を使うと、あらかじめ薬の候補物質を選別できる創薬スクリーニングや薬効評価、安全性評価に活用できる可能性は非常に高い」と期待する一方、「ヒトの組織細胞の機能をきちんと反映しているかどうか、分化して成熟細胞になるまでの期間をどれだけ短縮できるかなどが課題だ」と指摘した。

最後に、日本せきずい基金の大濱眞理事長が車椅子で演台に立ち、幹細胞移植を受ける海外のツアーに七〇カ国一二〇〇人が参加したという現状を紹介。「患者は先行きがみえないことに焦燥感を抱いている」と語った。さらに、「ｉＰＳ細胞樹立は希望の光だ。患者団体にもわかりやすいかたちで研究の環境整備を進めてほしい。市場原理に任せていては研究は進まない。政府の援助による臨床応用が不可欠だ」と国の支援を求めた。

岡野教授と山中さんの講演、安西塾長のあいさつは次のとおり。

■「遺伝性」の治療も可能に――慶応大学医学部・岡野栄之教授の基調講演

私たちは幹細胞の技術を使って、中枢神経系の再生に取り組んできました。中枢神経系の再生研究のなかでもっとも歴史が古いのはパーキンソン病の研究です。ドーパミン・ニューロン（神経細胞）が脱落する病気で、根本治療はニューロンの再生です。一九八七年にスウェーデンで胎児の脳細胞を移植する治療が実施されました。劇的な治療効果を示した例もあり、世界で二〇〇例ほど行われましたが、量的な制約や倫理的問題があります。そこで、幹細胞研究に移りました。

二〇〇九年一月二三日、ＦＤＡ（米食品医薬品局）は、米ジェロン社によるヒトＥＳ細胞を使った脊髄損傷治療の臨床試験を承認しました。損傷から七～一四日の亜急性期で炎症が治まった時期に移植します。この時期の移植がベストであることは私たちが動物実験で明らかにしています。受精卵由来のＥＳ細胞には倫理的な問題や拒絶反応の問題があります。そこで、体細胞の初期化が次のステップとなります。

私たちは脊髄損傷に対する再生医療のスーパー医療特区の申請をして採択されました。日本発の医薬品を使って、損傷後まもない急性期の治療、そして、亜急性期の細胞移植治療の臨床研究をしたいと考えています。

ｉＰＳ細胞については、ＥＳ細胞ですでに確立していた方法で神経系細胞を誘導することができました。安全性を考えるうえで、腫瘍化するかどうかが大事です。ｉＰＳ細胞から誘導した神経前駆細胞の集団のなかに未分化の細胞が〇・〇一パーセント混入していると腫瘍が形成されることがわかりました。

腫瘍形成しないことを確認した神経前駆細胞を、損傷後九日目に後肢まひのマウスに移植しました。有意な運動機能の回復が見られました。さらに、ヒトｉＰＳ細胞に由来する神経前駆細胞を、免疫不全マウスに五〇万個移植しました。運動機能は有意に回復し、前肢と後肢の協調運動も見られました。ｉＰＳ細胞由来の神経前駆細胞移植の治療効果を世界に先駆けて示すことができたと考えています。

今後、疾患に特有の神経細胞をつくって、病気の原因を明らかにしたい。将来は遺伝性疾患の細胞治療も可能になると思っています。

■課題克服へ貢献責務――山中教授の特別講演

ｉＰＳ細胞をつくるのに必要なのは数ミリの皮膚細胞です。これを培養して、三つ、あるいは四つの遺伝子を導入すると、一カ月ぐらいでｉＰＳ細胞に変わります。ヒトＥＳ細胞にそっくりな細胞で、半永久的に増やすことができます。増やしたあとで分化誘導法を適用すると、たとえば拍動する心筋

京大での会見にて（2011年2月1日）

細胞や、ドーパミンをつくる神経細胞ができます。

ｉＰＳ細胞で何ができるのか。患者さんからいただいた皮膚細胞でｉＰＳ細胞をつくり、それをもとに神経や内臓の細胞をつくります。心臓に疾患のある患者さんの心臓の細胞を使って研究する、薬の開発をするということができるようになります。

運動ニューロン病を例に挙げます。運動神経の異常により筋力低下をきたす病気の総称です。代表例は脊髄性筋萎縮症（ＳＭＡ）、筋萎縮性側索硬化症（ＡＬＳ）で、いずれも有効な治療法はありません。治療法がない原因の一つはよい病態モデルがないからです。ｉＰＳ細胞の技術を使えば、患者さんと同じ遺伝子をもった運動ニューロンをつくり、原因解明の研究ができるようになります。ようやくスタートラインに立てるといえます。薬の毒性、副作用の評価にも使えます。

細胞移植治療、再生医療への応用も期待されます。患者さんご自身の細胞を使うので倫理的な問題は少なく、拒絶反応の心配もありません。

一方、課題もたくさんあります。分化誘導法は肝臓や膵臓の細胞については十分ではありません。いかに病態を再現するかも課題です。再生医療のハードルはさらに高い。初期化誘導にともなう安全性の問題があります。いちばん心配していることは腫瘍の形成です。移植法の開発も必要です。臨床試験をできるレベルには達していません。

iPS細胞は世界に広がっています。三〇〇〇人以上の研究者が入手しています。研究論文も増えています。世界で研究が進むことは歓迎ですが、日本もきちんと貢献することが私たちの責務だと思っています。

■中枢神経系再生の実現へ——安西祐一郎・慶応義塾塾長あいさつ

文部科学省の再生医療実現化プロジェクト・ヒトiPS細胞等研究拠点の整備事業では、慶応大学が京都大学、東京大学、理化学研究所とともに選定され、協力して研究を進めています。スーパー特区プロジェクトもあり、岡野栄之教授を代表研究者として、中枢神経系の再生医療のための先端医療開発プロジェクトが採択されています。有効な治療法の確立されていない脊髄損傷、脳梗塞、筋萎縮性側索硬化症など中枢疾患系の疾患に対する研究が行われています。中枢神経系の再生医療の実現を目指して臨床応用への研究を加速しています。iPS細胞の研究は世界的な競争の真っただ中にあります。日本のiPS細胞研究が今後の医学研究を切り拓いてほしいと念願しています。

五　国内の研究機関の取り組み

ｉＰＳ細胞研究の多くは、文部科学省が二〇一二年度までの五年間で約二一七億円を投資した再生医療の実現化プロジェクトで進められてきた。同省は二〇〇八年、山中さんの在籍する京都大学をはじめ、慶応大学、東京大学、理化学研究所の四施設を研究拠点に選定、〇九年には行程表を作成した。一二年一一月の行程表の改訂版によると、理化学研究所などが計画する目の網膜の病気では目標どおりの一～二年後に臨床研究を始める（一三年八月開始）。慶応大学などが治療を目指す交通事故などで起きる脊髄損傷は、一七年までの五年以内と明記した。

各施設の研究の現状をみてみよう。

■理化学研究所

理研発生・再生科学総合研究センター（神戸市）の網膜再生医療研究チームは〇八年三月、マウスのｉＰＳ細胞から網膜の細胞二種類をつくりだすことに成功したと学会で発表した。山中さんら京大のチームとの共同研究。ｉＰＳ細胞に数種類の薬品を加えて約一カ月間培養し、細胞の一部が、網膜の「視細胞」と「網膜色素上皮細胞」に分化したことを確認した。理研のグループは、当時すでにヒトのＥＳ細胞から網膜の細胞をつくることに成功しており、これらの成果が、一三年八月にスタートした世界初の臨床研究に結びついた。

また、同センターの笹井芳樹グループディレクターらのチームは、ES細胞を特殊な培養液内で浮遊させた状態で培養し、立体的な組織をつくる画期的な方法を開発。〇八年にヒトとマウスのES細胞を、胎児の脳に似た四層構造をもつ脳組織に成長させることに成功した。

同様の手法で、一一年には、マウスのES細胞から、網膜のもとになる「眼杯」という立体的な組織をつくった。培養を続けると、光を受け取る「視細胞」や、情報を伝達する「神経節細胞」など数種の細胞が層状に規則正しく並ぶ網膜の立体構造を再現できた。さらに、マウスのES細胞から生命維持に必要なホルモンをつくりだす組織「下垂体」をつくり、マウスに移植して正常な機能をもつことも確認した。一二年には、ヒトのES細胞とiPS細胞でも眼杯の作製に成功しており、「網膜色素変性症」など、目が見えなくなる病気の再生治療につながる成果として注目される。

また、笹井さんらは一〇年、さまざまな細胞に分化するヒトのES細胞やiPS細胞の培養を妨げる「細胞死」の仕組みを解明したと発表した。再生医療応用に向け、障害となっている培養効率の向上や、細胞の腫瘍化防止にもつながる成果だ。

■慶応大学

慶応大学では、岡野栄之・医学部教授（生理学）を中心に成果をあげている。

岡野教授らのチームは〇九年、ヒトのiPS細胞を使い、脊髄損傷のマウスを治し、運動機能を回復させることに成功した。チームは、ヒトのiＰＳ細胞を、ニューロン（神経細胞）とニューロンを補佐する役割をもつグリア細胞に変化させた。iＰＳ細胞が交じっていないことを確認したうえで、免疫機能を働かなくし、脊髄損傷を起こしたマウスに移植すると、正常に歩けるようになった。ヒトiＰＳ細胞で実際に病気のモデル動物の治療に成功した世界初の成果として注目された。

一〇年には、実験動物中央研究所（川崎市）との共同研究で、ヒトのiＰＳ細胞をさまざまな神経のもとになる神経幹細胞に変化させて、脊髄損傷で首から下がまひした小型霊長類のマーモセットに移植し、立ち上がれるまでに回復させることに成功した。移植して約一カ月後には後ろ脚で立つことができ、手の握力も回復したという。腫瘍化しにくいタイプのiＰＳ細胞を使い、約三カ月後でも腫瘍はできなかった。ヒトに近い霊長類での成功ははじめてで、交通事故などによる脊髄損傷を対象とした臨床応用に一歩近づいた。

神経難病に関しては、伊東大介講師（神経内科）らのチームも一一年、アルツハイマー病の患者の細胞からiＰＳ細胞を作製して神経細胞に変化させ、細胞内で病気の原因となるたんぱく質が異常に多くできることや、それを薬剤で抑制できることを確認したと発表した。アルツハイマー病のうち数パーセントを占める「家族性」と呼ばれる遺伝子異常による患者の皮膚細胞を使った。

福田恵一・医学部教授（循環器内科）らは一〇年、血液のなかにあるリンパ球の一種、Ｔ細胞からiＰＳ細胞をつくりだすことに世界ではじめて成功した。必要な血液は〇・一ミリリットルとわずかで、作製にかかる期間も二五日と従来の約三分の一に短縮した。細胞の遺伝子も傷つけないため、簡単で安全な作製方法という。開発した手法は、採血した血液中のT細胞を特殊な方法で活性化させつつ培養した。福田教授は「採血だけでｉＰＳ細胞が迅速につくれ、がん化の危険も少ない」と話している。

福田教授は一二年にも、医薬品開発会社アスビオファーマ（神戸市）との共同研究で、ヒトのｉＰＳ細胞やＥＳ細胞から心筋細胞を効率よく低コストで大量に作製する方法を見つけたと発表した。がん化につながるｉＰＳ細胞やＥＳ細胞もほぼ残らず、この方法でつくった心筋細胞をサルの心臓に移植しても、がんにならなかった。

■大阪大学

大阪大病院は〇九年三月、ｉＰＳ細胞の研究組織「ヒトｉＰＳ細胞臨床研究センター」を設立、心臓血管外科の澤芳樹教授や内科・小児科の研究者らがｉＰＳ細胞を使った心臓・肝臓疾患などの治療を目指し研究をスタートさせた。山中さんと連携して細胞作製や培養の技術を共有、阪大全体で研究の加速を図る。

センターは重症になると心臓移植が必要な「拡張型心筋症」の患者の心筋細胞からｉＰＳ細胞をつくり、遺伝子異常と病気の関連などを調べる。糖尿病や肝臓病の患者からも細胞を提供してもらい、ｉＰＳ細胞を作製。効率よく肝臓や膵臓の細胞に分化させ、病気の原因解明などを目指す。

澤教授らは、マウスの細胞からつくったｉＰＳ細胞を九九パーセント以上の割合で心筋細胞に分化させ、シート状にして心筋梗塞のマウス八匹の心臓に移植し、うち四匹で心機能が改善する効果を確認した。

森正樹教授らのチームは一一年、ヒトの細胞内にある「マイクロＲＮＡ（ｍｉＲＮＡ）」と呼ばれる物質を使い、ｉＰＳ細胞をつくることに成功した。ウイルスを使って遺伝子を細胞内に運ぶ従来の方法より簡便で、がん化などの危険性も小さいほか、山中さんの方法を基にした「改良版」とは異なり、オリジナルの技術である点でも注目された。チームは今回できた新しいタイプのｉＰＳ細胞を「ｍｉ－ｉＰＳ」（ミップス）と命名した。森教授らは、これまで約一〇〇〇種類の存在が知られているｍｉＲＮＡのなかに、分化ずみの細胞をｉＰＳ細胞に変化させるものがあるのではないかとの仮説を立てて研究。調査可能な五〇〇種類以上のなかから、ｉＰＳ細胞やＥＳ細胞にはあるものの、分化ずみの細胞にはないｍｉＲＮＡ約一五種類を突き止め、さらに細胞の「初期化」を促す三種類に絞り込んだ。

■京都大学

京大は〇八年一月にｉＰＳ細胞の研究を進める中核組織「ｉＰＳ細胞研究センター」を発足させ、一〇年四月には学部並みの「ｉＰＳ細胞研究所」に格上げした。ｉＰＳ細胞に特化した研究所は世界初。山中さんが所長に就任し、開所にあたって、①ｉＰＳ細胞の基盤技術を確立し、知的財産を確保する、②再生医療用ｉＰＳ細胞ストックを構築する、③前臨床試験を行い、臨床試験を目指す、④患者さん由来のｉＰＳ細胞による治療薬の開発に貢献する、の四つを「一〇年間の目標」に掲げた。

約四七億円をかけた地上五階、地下一階の研究所では、二九の研究グループが、細胞初期化の分子機構の解明、各種細胞への分化誘導法の確立、ｉＰＳ細胞を用いた病態解明と創薬への応用、再生医療をとりまく倫理的課題――などを研究する。

江藤浩之教授（幹細胞生物学）らは一一年、東大との共同研究で、ヒトのｉＰＳ細胞から血液成分の血小板を大量に作製できる方法を開発したと発表した。血小板は手術時の止血などに不可欠だが、凍結保存ができず、不足しがちだ。チームは、ｉＰＳ細胞から血小板のもとになる細胞「巨核球」に分化させる際、巨核球になる前段階で、二種類の遺伝子を組み込み、無限に増殖できる巨核球をつくりだした。できた血小板を免疫不全のマウスに輸血し、止血機能があることも確認した。将来、実用化できれば安定供給につながると期待される。

高橋淳准教授（神経再生学）らのチームは一二年、ヒトのｉＰＳ細胞からつくった神経細胞の前段階の細胞を、神経難病のパーキンソン病のサルの脳に移植したところ、細胞が半年後も生き残り、神経が機能したと発表した。病気の原因となる神経細胞の減少を食い止められる可能性がある。霊長類ではじめての成果だった。

井上治久准教授（神経内科）らは一二年、筋萎縮性側索硬化症（ＡＬＳ）患者のｉＰＳ細胞からつくった運動神経の細胞を調べ、細胞の異常を抑える物質を見つけたと発表した。ｉＰＳ細胞が難病の治療薬開発に役立つことを示す初の成果として注目された。

桜井英俊講師（再生医学）らは一三年四月、ヒトのｉＰＳ細胞から手足などを動かす細長い繊維状の筋肉細胞（骨格筋細胞）を作製したと発表した。筋肉が萎縮する難病「筋ジストロフィー」の患者から作製したｉＰＳ細胞を骨格筋細胞に変化させ、病気に特有の状態の一部を再現することにも世界ではじめて成功した。

また、中畑龍俊教授（小児科学）らのチームは、難病患者の皮膚細胞からのｉＰＳ細胞作製を計画。〇八年六月に京大倫理委員会に承認され、小児科や整形外科、腎臓内科、呼吸器内科など計九領域で進めている。対象はいずれも難治性疾患で、腎臓内科は「多発性囊胞腎」、呼吸器内科は重症若年性肺気腫と特発性間質性肺炎など。細胞の病気の診断をしたり、遺伝子の異常を調べたりして原因解明や治療方法を探る。〇九年度には学外の医療機関からも患者の細胞の提供を受ける取り組みに着手した。

京大発の最大の成果は、斎藤通紀教授（発生生物学）らのグループが、マウスのｉＰＳ細胞から精子と卵子をつくり、それぞれ体外受精で正常なマウスの子を誕生させることに世界ではじめて成功したことだろう。生殖の仕組み解明の手がかりとなることが期待される。ただし、理論上、人工的に作製した精子や卵子から子どもをつくることが可能になるため、ヒトへの応用などをめぐり、倫理的な議論を深める必要がある。

斎藤教授は精子については一一年八月、卵子については一二年一〇月に、それぞれ作製に成功したと発表した。グループは、マウスの胎児の細胞から作製したｉＰＳ細胞に二種類のたんぱく質などを

京大 iPS 細胞研究所を報道陣に公開（2010 年 5 月 8 日）

加えて培養することで、精子や卵子のもとになる始原生殖細胞にきわめて似た細胞をつくった。

精子の場合、この細胞を、生殖能力をもたないオスの精巣に移植すると、約一〇週間で精子ができた。その後は通常の顕微授精の手法を使い、メスの仮親の子宮に受精卵を移植。正常な子を生ませた。

一方、卵子の場合、そのままでは分化しにくいため、雌の胎児に含まれている、分化を助ける役割を果たす体細胞と一緒に培養。雌の卵巣へ移植したところ、約四週間で卵子ができ、通常の体外受精の手法で雌の仮親の子宮に受精卵を移植した。生まれた子どもは雄雌ともに生殖能力をもつ正常な個体に育ち、孫の世代が生まれたという。

■東京大学

東大では、中内啓光・医科学研究所教授（幹細胞生物学）らのチームを中心に、ｉＰＳ細胞を使った研究を精力的に進めている。

中内教授らは一〇年、ｉＰＳ細胞を使い、マウスの体内にラットの膵臓を完全なかたちでつくるという画期的な成果を発表した。ｉＰＳ細胞からはすでに心臓や神経などの細胞はつくられていたが、正常に機能する臓器を丸ごとつくったのは世界初だった。

受精三～四日後の動物の受精卵のなかにｉＰＳ細胞を注入すると、もとの受精卵がもつ遺伝子とｉＰＳ細胞側の遺伝子が混じりあった「キメラ胚」ができる。チームはまず、遺伝子操作で膵臓をつくれないようにしたマウスから受精卵を作製。そこに正常なラットｉＰＳ細胞を注入、代理母マウスの子宮に移植した。その結果、生まれたマウスの全身はマウスとラットの細胞が混じりあっていたが、膵臓はラットの細胞だけでできていた。マウスはおとなまで育ち、血糖値も正常値を示すなど機能しているのを確認。失われていた膵臓がｉＰＳ細胞由来の細胞によって置き換えられたかたちという。マウスとラットはネズミの仲間だが、遺伝的には異種の動物だ。これまでに異種間でできた哺乳類キメラはヒツジとヤギのみで、マウスとラットは世界初という。

一一年には、明治大学の長嶋比呂志教授らとの共同研究で、生まれつき膵臓ができないブタの体内で、別のブタの細胞でできた膵臓をつくることに成功し、学会で発表した。大型動物では世界初。チームはまず、遺伝子操作で膵臓をつくれないブタをつくり、その体細胞を利用し「クローン胚」と呼ばれる受精胚をつくった。一方、正常な膵臓をつくれるブタの体細胞からもクローン胚を作製。このなかの細胞を、遺伝子操作ブタのクローン胚に注入して「キメラ胚」をつくった。このキメラ胚を、代理母ブタの子宮に入れ、出産させたところ、誕生した子ブタは正常な膵臓をもち、血糖値を正常にコントロールした。これとは別に、子宮から取り出して調べた胎児にも膵臓があり、一〇〇パーセント正常なブタの細胞に由来していた。チームは、本来できないはずの膵臓が正常なブタの細胞によって再生され、機能すると結論づけた。

ブタの臓器のサイズはヒトに近い。これまでの成果を発展させ、膵臓をつくれなくしたブタのクローン胚に、ヒトのｉＰＳ細胞を注入すれば、ブタの体内でヒトの膵臓ができる可能性がある。しかし現在の国の指針では、動物とヒトとのキメラ胚を子宮に入れることは禁じられている。ただし、動物の胎児への移植は可能で、中内教授らは一〇年、ブタの胎児にヒトのｉＰＳ細胞を移植し、ヒトの膵臓をつくらせる計画を明らかにしている。

また、中内教授らは一三年一月、ウイルスに感染した細胞やがん細胞などを攻撃する免疫細胞の一種「Ｔ細胞」を一度、ｉＰＳ細胞にしたうえで、同じ能力をもつ「元気」なＴ細胞に再生させることに世界ではじめて成功したと発表した。このＴ細胞を患者の体に戻すことで、がんなどの新たな治療法につながるという。

Ｔ細胞は、外敵の侵入が重なったり、感染状態が慢性化したりすると疲弊し、病気に対する免疫力が低下する。中内教授らはＨＩＶ（ヒト免疫不全ウイルス）に感染している患者の血液から、ＨＩＶ感染細胞のみを認識して攻撃する特定のＴ細胞を分離。疲弊したこのＴ細胞をｉＰＳ細胞へと変化させて大量に増やし、ヒトの白血球に含まれる「単核球細胞」と一緒に培養することなどで、ふたたびＴ細胞に分化させることに成功した。ｉＰＳ細胞を経て再生されても、Ｔ細胞は攻撃対象の記憶を失っていなかったうえ、増殖性が高まり、細胞の寿命を示すといわれる「テロメア」と呼ばれる部分が三〇～五〇パーセント程度長くなるなど、「若返り」の兆候を示していたという。がん患者の体からＴ細胞を取り出して、体外で増やしてから体に戻す治療法は現在も行われているが、がんを攻撃する特定のＴ細胞だけを選んで増やすことが難しく、効果は限られている。中内教授は「今回の方法を使えば、特定の対象を攻撃する若くて元気の良いＴ細胞を大量に増やすことができる」と話す。

一三年五月には、マウスとヒトのｉＰＳ細胞から、血液のもとになる造血幹細胞をつくることに成功したと、山崎聡助教と中内教授らのチームが発表した。造血幹細胞は、白血病治療で骨髄移植として使われている。マウスの実験では、できた造血幹細胞を、血液をつくれないようにしたマウスに移植し、造血作用があることを確かめた。

六　企業の動き、特許

■再生医療「関西に道」

山中さんがノーベル医学生理学賞に決まったのを受け、決定翌日の二〇一二年一〇月九日の株式市場ではｉＰＳ細胞の関連銘柄が軒並み上昇した。関西地区は一一年一二月に国から「関西イノベーション国際戦略総合特区」に指定され、ライフサイエンス分野などの産業集積への取り組みが始まったばかり。経済界からは「関西から再生医療の新たな道を切り拓かれた。いっそうの弾みがつく」（森

表2　ｉＰＳ細胞関連の主な銘柄

社名	上場市場	業務内容	9日終値（前週末終値比）
タカラバイオ	マザーズ	iPS 細胞作製のライセンス保有	497円（△80円＊）
コスモ・バイオ	ジャスダック	iPS 細胞の培養材料や試薬の専門商社	7万8200円（△1万円＊）
J・TEC	同	理化学研究所と網膜再生の共同研究	7万 200円（△4700円）
セルシード	同	細胞から組織を形成する技術を保有	788円（△33円）
大日本住友製薬	東証１部	希少疾患の治療薬開発の共同研究	846円（△14円）
エーザイ	同	iPS 細胞を活用した創薬研究	3465円（△50円）
島津製作所	同	治療用細胞の培養装置開発	526円（△6円）
武田薬品工業	同	慶応大と神経細胞をつくる共同研究	3580円（△30円）
ニコン	同	良質な iPS 細胞を自動選別する技術開発	1939円（0）

株価の上昇率の大きい順に並べた。＊はストップ高をつけ取引終了。

詳介・関西経済連合会会長）と期待の声が広がった。

一〇月九日の株式市場では「ｉＰＳ細胞」の関連銘柄が取引開始直後に軒並み上昇。午後には多くの銘柄で買いが一服したものの、買い注文が殺到し、取引終了時になってようやく、値幅制限の上限となるストップ高がつく銘柄が出るなど、「受賞を機に将来の収益拡大を期待した買いが入った」（市場関係者）ためだ。ｉＰＳ細胞作製のライセンスをもつタカラバイオとｉＰＳ細胞の培養材料や試薬の専門商社のコスモ・バイオは、取引開始直後から買い注文が殺到。取引終了時にようやくストップ高で取引が成立した。終値はタカラバイオが前週末終値比八〇円高の四九七円と六カ月半ぶりの高値水準で、「業界全体が注目を集めて喜ばしい」（同社）。

再生医療の国内関連市場は二〇二〇年に一〇〇〇億円規模と推計され、数少ない有望市場の一つだ。関西イノベーション国際戦略総合特区では、ｉＰＳ細胞などを用いた再生医療や細胞治療の早期実現化を柱の一つに掲げ、再生医療研究の一大集積拠点を目指している。すでに複数の計画を国に提示し、このうち、理化学研究所神戸研究所（神戸市）などが進める網膜の再生はもっとも早く臨床応用が期待され、同特区のプロジェクトとして投資税額控除などの優遇措置が認められた。大阪大学や京都大学も計画を提出している。大阪商工会議所の佐藤茂雄会頭は「特区内における大学・研究機関の連携がいっそう深化し、臨床応用が加速することで、企業の新たなビジネスチャンスが広がる」と大きな期待を寄せる。

川崎重工業は、再生医療分野などの研究に必要な細胞培養装置を神戸工場で製造している。ロボットによる完全自動化で、細胞培養を均一化し、大量に供給することができるのが特徴で、同社は「ｉＰＳ細胞の実用化のためには、大量の細胞の安定培養が必要。日本発の再生医療の実用化に貢献したい」と意気込んでいる。

■関西製薬企業「弾みに」

山中さんは製薬会社など多くの関西企業と共同研究に携わっており、関係者からも受賞を祝う声が相次いだ。すでに具体的成果に結びついた研究もあり、今回の受賞で山中さんの地元・関西企業が強みをもつ再生医療や創薬研究が盛り上がることを期待する声も聞かれた。

新型万能細胞と呼ばれるiPS細胞は、病気やけがで失った体内の組織や臓器を取り戻すための再生医療を実現させるうえで、中核技術として期待されている。製造業の空洞化など経済低迷が続くなか、政府は二〇一二年夏にまとめた日本再生戦略で、再生医療の将来性に着目。新たな産業の柱の一つに育てる目標を掲げた。

製薬分野でも、iPS細胞はヒト細胞の新たな供給源として重要視されている。従来の医薬品開発の現場では、ヒトの正常細胞は入手の難しさや高価であることなどを理由にあまり使われていなかった。しかし無限の増殖性をもつiPS細胞なら、開発段階の新薬の薬効や毒性の評価を低コストで行うことが容易になり、より迅速な新薬開発への貢献が期待されている。

アステラス製薬（東京都中央区）の河畑茂樹・分子医学研究所長は「iPS細胞の活用では再生医療もあるが、創薬医療での期待も大きい」と指摘する。ヒトの細胞なので、ヒトでの安全性や薬効を予測できたり、患者由来のiPS細胞を使えばより適切な薬剤候補の化合物を選別できたりするという。

このため国内の製薬ベンチャーや医療機器、電機、精密機器など幅広い分野の企業が、内臓や組織などの機能細胞をiPS細胞から大量に作製し、十分な機能をもつ品質のよい細胞をより低コストで供給可能にする技術や装置の開発などに取り組んでいる。

アステラス製薬は島津製作所、武田薬品工業などの研究者とともに、山中さんが代表で京都大学、慶応大学、東京大学、理化学研究所などで構成する「先端医療開発特区」のｉＰＳ細胞医療応用加速化プロジェクトに〇八年から参加。ｉＰＳ細胞の医療分野への実用化に向けた研究を本格化させた。

大日本住友製薬（大阪市）で山中さんと共同研究した経験がある西澤雅子・ゲノム科学第一研究部グループマネジャーは今回のノーベル医学生理学賞の発表を「今年こそ受賞されると思い、テレビの前に座って吉報を待った。一緒に研究できたのは研究者冥利に尽きる」と受賞を喜んだ。山中さんの研究姿勢について「強い信念と大きな情熱をもっており、感銘を受けた。ｉＰＳ細胞は世界がしのぎを削る研究。先生は「最後の一ページをめくるとは予想もしなかった」と謙虚に言っておられたが、そんな姿勢だからこそ、画期的な成果を生み出せた」とたたえた。

同社は九九年ごろから、ＥＳ細胞の応用に関し山中さんと共同研究を開始。遺伝子の一部が欠損した「ノックアウトマウス」に関し共同で特許出願するなどの実績がある。一一年三月からは、ｉＰＳ細胞の応用に関し五年間の共同研究契約を締結。難病の進行メカニズムを解明する共同研究が始まっている。

「受賞を機に、国のサポート拡大や、参入企業の増加が見込めるのではないか」。タカラバイオ（大津市）の仲尾功一社長はこうコメントした。同社は〇九年四月にｉＰＳ細胞作製のライセンスを取得。同社が強みをもつ、細胞に遺伝子を挿入する技術を組み合わせて大学や製薬会社などに研究用細胞を販売している。同社によると、ｉＰＳ細胞をめぐる研究は「世界での競争は激化する一方」。受賞を弾みにしたいとの期待をうかがわせた。

官邸にて、安倍晋三首相から内閣総理大臣感謝状を手渡される（2013年1月28日）

■特許争奪戦の背景

京都大学が国内外で出願したｉＰＳ細胞の特許は、順調に成立してきたといえる。

特許は産業化の源とされ、とくに医療分野での特許は、その技術を使った治療などの費用に大きく影響する。エイズやがんなどの新薬が高額になるのは、開発技術に関わる特許を欧米の製薬企業などがもち、高い特許権料を設定しているのが一因だ。こうしたことから、ｉＰＳ細胞についても、研究と並行して激しい特許争奪戦が繰り広げられてきた。

ｉＰＳ細胞の当面の主な使い道は、薬効成分の探索や医薬品の毒性・有効性の評価、難病患者自身の細胞による病気の仕組みの解明など、基礎研究における「道具」としての利用だ。この場合、基本的な作製方法を権利化した特許がすぐに大きな収入につながるとはかぎらないが、全世界で「広く薄く」使われることが、研究を加速させ、一日も早い医療応用や産業化の実現につながる。

参考になるのが、七四年に米スタンフォード大学の研究者らが出願した遺伝子組み換え技術の特許だ。使用料を低く抑えたのが功を奏し、研究の基盤技術として急速に普及、バイオ産業の発展に貢献した。結果的には、特許の有効期限が切れた九七年までに二億五〇〇〇万ドルの収益を生んだ。ｉＰＳ細胞の基本特許も、同様の成功を収める可能性を秘めている。

しかし、ｉＰＳ細胞の登場以前、知的財産の管理は日本の弱点とされてきた。国内企業や研究機関はこれまで、バイオ分野の研究開発で欠かせないＤＮＡ解析技術の「ＰＣＲ法」や、エイズ治療薬などの特許を海外の大学や企業に押さえられ、莫大な利用料を支払っている。

とくに、大学の知的財産への意識は低かったと指摘される。国が本格的に大学の知的財産戦略に取り組んだのは二一世紀以降だ。〇三年、大学知的財産本部整備事業として、全国の大学など四三件で産学連携コーディネーターの配置などの施策を開始。大学からの特許出願は飛躍的に増えたが、特許料収入では日米のトップ大学どうしで一〇〇倍近い差がある。

■国内特許の成立

山中さんや京大の特許獲得に向けた動きは的確だった。マウスｉＰＳ細胞作製を報告した論文公表は〇六年八月。その一年以上前の〇五年六月、山中さんは大学内の知的財産部門に相談していた。同年一二月に国内特許を、〇六年一二月にはヒトｉＰＳ細胞の内容を加えた国際出願をするなど、着実に手続きを進めた一方、出願内容のうち「もっとも堅い」部分を分割して早期成立を目指した。京大も〇七年七月に知的財産部を改編し産官学連携本部を新設。手堅い後方支援をした。

日本でｉＰＳ細胞に関する最初の特許が成立したのは〇八年九月。皮膚などの体細胞に四種類の遺伝子を入れ、ｉＰＳ細胞をつくる基本的な作製方法の特許だ。京大の寺西豊・産官学連携センター教授（当時）は「山中先生は知的財産への関心が高く、知識もあったので非常に早く相談された。一方、京大にはバイオ系知的財産を扱う基礎があった。それが迅速な特許化に奏功した」と語る。

〇九年一一月には、ｉＰＳ細胞からさまざまな体の細胞をつくる技術の特許が日本で認められたと発表した。ｉＰＳ細胞作製でも、〇八年九月に特許を取得した四遺伝子を入れる方法に加え、がんに関連する遺伝子を除いた三遺伝子による安全性の高い方法も特許が認められた。山中さんは「がんに関連する遺伝子を使わない三遺伝子の作製法（の特許）は、安全性の面で大きな進歩だ。分化後の権利も含むので、非常に大切」と話した。

■熾烈さ増す特許争奪戦

〇八年四月、ドイツの製薬メーカー「バイエル・シエーリング・ファーマ」の関連会社、バイエル薬品（大阪市）神戸リサーチセンター（〇七年一二月に閉鎖）の研究チームが〇七年春ごろにヒトのｉＰＳ細胞を作製し、すでに特許出願も完了しているとみられることが毎日新聞の報道で明らかになり、ｉＰＳ特許をめぐる国内の危機感は一気に高まった。作製したのは、桜田一洋センター長（当時）らのチームで、〇八年一月にオランダ科学誌電子版で論文発表していた。企業では関連技術の特許出願を優先し、出願内容が公開されるまでは、論文や学会での発表は控えるのがふつうだが、桜田氏らの場合、所属する研究所が閉鎖されるという特殊事情があり、例外的に早い時期での論文発表が可能になった。

論文によると、桜田氏らの作製方法は、新生児の皮膚細胞に、山中さんらと同じ四つの遺伝子を導入するというもので、遺伝子の導入過程で使うウイルスの種類など、山中さんらの研究と異なる点もいくつかあった。桜田氏はセンター閉鎖後、米ベンチャー企業の科学担当最高責任者に就任しており、「バイエルとの秘密保持契約があり、作製に成功した時期や特許出願は明らかにできない」と話す一方、ヒトiPS細胞を山中さんらよりも早く作製した可能性を示唆し、波紋を呼んだ。

特許の公開は出願から一年半後のため、当時公開されていた国際特許の出願は、山中さんによるｉＰＳ細胞のみ。これがヒトを含む特許として認められるかはその時点で定かではなく、山中さんと同時にヒトiPS細胞の作製を発表した米ウィスコンシン大学など他大学や企業の動向も不明だった。

その後、ヒトiPS細胞の作製方法の特許は、京大の〇六年一二月六日の国際出願に次いで、いずれもアメリカのウィスコンシン大学（〇七年三月二三日）、マサチューセッツ工科大学（ＭＩＴ）（同四月七日）、ハーバード大学（同五月三〇日）、さらに「桜田特許」の権利をもつドイツの製薬会社バイエル・シエーリング・ファーマ（同六月一五日）と、わずか三カ月間足らずのあいだに海外の四機関が相次いで出願していたことが判明。競争の激しさが浮き彫りになった。

バイエル・シエーリング・ファーマは〇九年二月、「桜田特許」の権利を、米バイオベンチャー

「iZumi Bio」（アイズミ・バイオ）」（現在の「アイピエリアン」）に譲渡すると発表。一〇年にはアイピエリアンの桜田特許がイギリスで成立した。出生後のヒトの細胞に、三つの遺伝子を導入してｉＰＳ細胞をつくる作製方法で、無審査の南アフリカを除き、海外でｉＰＳ細胞関連の特許が成立したのははじめてだった。

同月にはさらに、米ベンチャー企業「フェイト・セラピューティクス」（カリフォルニア州）が、「体細胞を初期化する方法」についてアメリカで特許を取得したというニュースも舞い込んだ。初期化は体細胞を受精卵のような状態に戻す操作。同社は、あらゆる細胞になるｉＰＳ細胞の作製に関する基本技術と主張、アメリカで初のｉＰＳ細胞関連の特許と位置づけている。

出願者は同社創立者の一人で、米マサチューセッツ工科大学のルドルフ・イェーニッシュ教授ら。内容は体細胞の初期化を可能にする遺伝子などを特定する技術という。

出願日は〇四年一一月で、山中さんによるｉＰＳ細胞作成の特許出願より約二年早い。米経済誌『ビジネス・ウイーク』電子版は「山中教授はｉＰＳ細胞を作製したが、アイデアはわれわれが最初」というイェーニッシュ教授の言葉を紹介している。京大ｉＰＳ細胞研究センター（現・ｉＰＳ細胞研究所）は「特許の記載データをみるかぎりｉＰＳ細胞を作製したものではないと考える。京大がもっとも早く出願しており、影響がないと考える」とコメントした。

■桜田特許、係争回避し京大に譲渡

「桜田特許」はその後、意外な展開をたどる。一一年二月、京大が、特許を所有する米バイオベンチャー「アイピエリアン」から桜田特許の譲渡を受けたと発表したのだ。

京大は三つの遺伝子を導入するｉＰＳ細胞作製技術の特許を国内外に出願し、日本では〇九年一一月に特許権を取得した。一方、バイエル薬品も類似の技術開発に成功し、国内外に特許出願。ドイツの「バイエル・シエーリング・ファーマ」から権利を譲り受けたアイピエリアン社がイギリスで一〇年に特許権を取得した。一〇年にアメリカの特許庁が、どちらが先に発明したかを選定する審判（インターフェアランス）の開始を宣言する可能性が高まり、京大もその準備を進めていたが、アイピエリアン社が一〇年末に京大に譲渡を申し出たという。係争を避ける目的とみられ、金銭のやりとりはない。

一方、譲渡にともない、京大側はアイピエリアン社と、京大がもつｉＰＳ細胞関連の基本特許技術の使用を許諾するライセンス契約を結んだ。アイピエリアン社は今後、京大特許で作製したｉＰＳ細胞や分化細胞を使い、さまざまな治療薬の研究開発を行うことができる。また、山中さんがアイピエリアン社の科学諮問委員に就任した。山中さんは「より研究に専念できる環境を整備していただいた。アイピエリアン社との連携を強め、とくに創薬分野でのｉＰＳ細胞技術の実用化を国内外で進めていきたい」と話した。また、桜田一洋氏は「アメリカの特許庁がインターフェアランスを宣言するということは、日本での二つの研究が世界をリードしたことを示しており、発明者の一人としてうれしい。

多面的な研究進展を願っている」とコメントした。

桜田特許の出願日は京大やアメリカの三大学よりも遅かったが、使っている遺伝子が同じであるなど、内容的には京大特許に対して「唯一、真っ向勝負してきた」（京大関係者）特許だった。アメリカでは、日本のように最初の出願者に特許権を認める「先願主義」ではなく、最初の発明者に認める「先発明主義」を採用している。係争になれば、実験ノートの調査などが必要で、膨大な時間と億単位ともいわれる多額の費用がかかるのは避けられない。山中さんもアメリカで証言する必要が生じ、研究に支障が出る恐れもあった。京大・iPS細胞研究所の高須直子・知財契約管理室長（当時）は「係争の準備は十分にしており、勝算もあったが、実際にインターフェアランスになれば大変な負担になっていた」と安堵する。

一方、譲渡はアイピエリアン社にとっても大きなメリットがあった。世界的に知られる山中さん本人との係争で企業イメージに傷がつくのを免れ、京大との友好関係を築いた。桜田特許を含む京大特許のライセンスを受け、特許の成立や維持にかかる費用は負担せずに自由に使う権利も得た。しかも、手放したのは桜田特許のみで、その後に自社で開発した関連技術の特許は所有したままだ。「アイピエリアン社は戦わずして実をとった」という指摘もある。

■欧米で京大基本特許成立

一一年は京大特許に関する朗報が相次いだ。七月にヨーロッパで、八月にはアメリカで京大の基本

特許成立の会見で、政府の仕分け作業による研究費削減を批判
（2009 年 11 月 25 日）

特許が成立したのだ。京大の特許は日本のほか、南アフリカや旧ソ連邦諸国、シンガポールなどで成立していたが、医薬品メーカーや大学などの研究機関が多く、市場規模の大きい欧米で成立したことで、京大特許の有効性は大きく高まった。

ヨーロッパとアメリカで認定されたのは、三つの遺伝子か、二つの遺伝子とある種のたんぱく質(サイトカイン)を用いてiPS細胞をつくる技術。特定の遺伝子ではなく、「遺伝子ファミリー」と呼ばれるよく似た分子構造の遺伝子群も対象とされ、体細胞に遺伝子を導入する方法は問わないなど、広い範囲で認められた。

iPS細胞の作製方法については、四つの遺伝子をウイルスに運ばせて体細胞に組み込む当初の方法を出発点に、遺伝子の種類や導入の手段を変えるなどのさまざまな改良版が世界中で開発されつつある。仮に特許が成立しても、遺伝子の種類や導入法が厳密に規定されていれば、特許の意義は薄れる。成立した特許は、改良版を幅広く含む内容になっており、有効性は高い。

山中さんはアメリカでの成立を発表する記者会見で、「特許獲得にはiPS細胞の論文を書くとき以上の労力がかかった。これがゴールとは思っていない。臨床の現場や創薬など、本当の意味で役に立つものに育てていきたい」と述べた。

■山中さんがスカウトした知財担当者

ヨーロッパでの基本特許成立を発表する一一年七月の会見の席上には、成立に向けて奮闘してきた知財契約管理室の高須直子室長（当時）の姿もあった。「日本での特許成立からだいぶ時間がたっており、プレッシャーだった」と語る表情には、喜びと安堵が交錯した。

「とてもうれしい報告です」。一一年五月三一日、京大の代理人を務めるドイツの弁理士から、特許成立を伝えるメールが届いた。「うれしいというよりもほっとした」と高須さんは明かす。〇八年六月に欧州特許庁に審査請求してから三年。「特許の請求範囲が広すぎる」と指摘する特許庁との攻防が続いた。審査の最終局面を迎えていた一〇年秋、来日した弁理士を、山中さん、高橋和利講師ら四人のトップ研究者と引きあわせた。弁理士は研究者と熱心に話し込み、後日「あの日のおかげで、審査に自信をもって対応できた」と話した。

高須さんの転職は〇八年六月。給与面ではもといた大阪の大手製薬会社のほうが上だったというが、活躍を知る山中さんから内々に「（会社を）辞めませんよね？」と打診されると「行きます」と即答、山中さんを驚かせた。かねてから「ｉＰＳ細胞をめぐる知的財産ほど面白いテーマはない」と感じていた高須さんにとっては、願ってもない誘いだったのだ。

特許は出願すれば終わりではない。有効性を証明するため、欧州特許庁のあるドイツの弁理士を通じ、技術用語の説明や新たな研究成果の報告作業が続いた。高須さんは転職後の一年、最先端の研究情勢を把握するため必死で関連論文を読み込んだ。研究所内で毎週開かれるミーティングにも必ず参加。時には山中さんよりも先に実験結果の報告を受けた。

弁理士とは電話やメールで英語のやりとりをするが、時差があり「いつ重要な話が飛び込むかわか

表3　iPS細胞の特許をめぐる動き

05年12月	京大がiPS細胞の作製手法に関する特許を日本で出願
06年 8月	京大がマウスiPS細胞作製を論文発表
12月	京大がiPS細胞の作製手法に関する特許を国際出願
07年11月	京大と米チームがそれぞれヒトiPS細胞作製を論文発表
08年 6月	京大などのiPS細胞の知的財産権を管理・活用する会社設立
9月	京大の基本特許が日本で成立
09年11月	安全性の高い作製法など京大の2件の特許が日本で成立
10年 1月	アイピエリアン社がiPS細胞作製技術の特許を海外ではじめてイギリスで取得
11年 2月	京大がアイピエリアン社から特許の譲渡を受け、アメリカでの係争回避
7月	京大の基本特許がヨーロッパで成立
8月	京大の基本特許がアメリカで成立

らない」ため、パソコンは片時も手放せない。大学生の長男と高校生の長女をもつ母親でもあるが、片道二時間弱かかる研究所に、誰よりも早く出勤した。

当初は企業と大学との知的財産についての考え方、取り組み方の違いに戸惑いを覚えることも多かったが、「公的資金を使って研究している以上、成果を特許というかたちにして、民間企業の研究につなげていく責任がある」と使命感を語る。

iPSアカデミアジャパン

京都大学は、大和証券グループ、三井住友銀行などと〇八年六月、iPS細胞の知的財産権を管理・活用する会社「iPSアカデミアジャパン」（京都市上京区）を設立した。寺西豊・産官学連携センター教授（当時）は「大学で雇用できない知的財産や英文契約のプロを確保し、国際特許の出願・維持にかかる多額の資金を調達する。そして他の大学などの知的財産を集約し、より強力な知的財産のパッケージをつくる窓口にする」と目的を語る。

表４　京大が保有するiPS特許成立件数（2012年11月現在）

アメリカ	６件（うち２件はアイピエリアン社から譲渡）
日本	４件
シンガポール	３件（うち１件はアイピエリアン社から譲渡）
南アフリカ	２件（うち１件はアイピエリアン社から譲渡）
イギリス	２件（2件ともアイピエリアン社から譲渡）
ユーラシア	２件
ヨーロッパ	１件（17カ国に移行ずみ）
イスラエル	１件
メキシコ	１件
香港	１件
オーストラリア	１件

国内では〇九年三月にバイオベンチャーのリプロセル（東京都）と、同四月にタカラバイオ（大津市）と、海外では一〇年五月、米ウィスコンシン州のバイオベンチャー「ＣＤＩ」と特許技術の使用を認めるライセンス契約を結んだのを皮切りに、現在までに六〇社を超える国内外の企業と契約を結んだ。契約先のリストには、国内大手製薬企業のほか、海外では、世界有数の生物資源バンクである非営利機関「ＡＴＣＣ」（本部・米バージニア州）、世界四〇カ国に生産や研究、営業の拠点をもつアメリカの研究用試薬供給会社「シグマアルドリッチ」、世界一六〇カ国に従業員約一万人を抱える世界有数のバイオテクノロジー企業で、研究用試薬・機器を販売する「ライフテクノロジーズ」などが並ぶ。

■京大特許の現状と展望

ヨーロッパやアメリカでの基本特許の成立後も、京大特許は順調に範囲を広げつつある。

京大ｉＰＳ細胞研究所は一二年五月、ｉＰＳ細胞からつくったさまざまな細胞を使い、研究機関や企業が創薬研究を行う場合に京大の権利が及ぶ特許をアメリカで取得したと発表。国内では〇九年に同様の特許を取得しているが、海外では、ｉＰＳ細胞から作製した細胞などの使用にまで権利が認められるのははじめてだ。同研究所によると、特許取得により、研究機関がｉＰＳ細胞からつくった細胞などを購入し、新薬の安全性を試験する場合など幅広く権利が及ぶ。

同研究所は九月にも、作製技術に関する特許が日本で一件、アメリカで三件成立したと発表した。従来のものだけではなく、類似の遺伝子を使ったｉＰＳ細胞の作製技術の特許が認められ、より包括的な特許権が確立したという。日本での特許は四件目、アメリカでの特許は六件目だ。

日本で成立したのは、遺伝子ファミリーを用いた作製手法と、この手法で作製されたｉＰＳ細胞を創薬などに使うための特許で、日本で作製されるｉＰＳ細胞の八割程度をカバーできるという。アメリカでの三件は、米バイオベンチャー企業「アイピエリアン」から譲り受けた技術などで認められた。アメリカでの研究や創薬などをめぐり、京大の権利が及ぶ範囲が広がるという。

京大特許の現状について、高須さんは「日本で成立してから欧米で成立するまでの数年間はつらかったが、その後は順調。トータルでみると独り勝ちといえる」と胸を張る。同管理室の高尾幸成博士（医学）は「やはり、山中教授が世界で最初にｉＰＳ細胞をつくり、最初に出願した。さらに、その前にどこにも発表をしていなかったのがいちばんの勝因」と語る。

しかし、今後、京大特許を回避できる内容の特許が続々と出願される可能性もあり、将来的な脅威が消えたわけではない。また、これまでに成立した主な特許はｉＰＳ細胞の作製法に関するもので、

column

難病患者との交流

筋肉が骨に変形する難病「進行性骨化性線維異形成症」（ＦＯＰ）と闘う兵庫県明石市の山本育《いく》海《み》さんは、これまで山中さんと交流し、ｉＰＳ細胞を使った治療法の確立の夢を託してきた。「ｉＰＳが世界中に広まって研究が進み、薬の開発が早くなると思うとうれしい」と受賞を喜んだ。

山本さんは小学三年のとき、ＦＯＰと診断された。ＦＯＰは、支援団体「ＦＯＰ明石」の署名活動などで二〇〇七年三月に国の難病指定を受けた。ｉＰＳ細胞が難病の治療に役立つ可能性があると知り、〇九年一一月に山中さんに面会。一〇年二月には「一日も早く薬を開発して」と体細胞を提供した。

山本さんは山中さんの受賞が決まった直後、明石市内で記者会見。母智子さんと手を取りあって「本当によかった。すごい先生です」と目に涙を浮かべた。

山中さんのノーベル賞受賞に喜ぶ山本育海さんと母智子さん

ｉＰＳ細胞そのものを対象としていない。もしｉＰＳ細胞自体の特許が認められれば、今後開発されうるすべての作製法が含まれることになる。高須さんは「まさに夢の特許。審査の厳しい日米欧での成立は難しいが、チャレンジしていきたい」と意気込む。

七　海外の動き

ｉＰＳ細胞の開発は世界中に大きな驚きとして受け止められ、海外でも早くから高い評価を得た。米科学誌『サイエンス』は二〇〇七年の「科学的進歩ベスト10」で、山中さんと、米ウィスコンシン大学によるヒトｉＰＳ細胞の作製を二位に選んだ。再生医療実現に向けて「科学、政治の両面でブレークスルー」と評価した。ちなみに一位は、ヒトの遺伝的多様性の解明の進展だった。〇八年には、ｉＰＳ細胞にもとづく「細胞の再プログラミング（初期化）」を一位に選出。山中さんは「日本発の技術が世界で評価され広がっていることを歓迎する」とコメントした。

ｉＰＳ細胞の作製について、米ホワイトハウスは〇七年一一月、「倫理的な研究の前進にブッシュ大統領は大変喜んでいる」と異例の声明を発表。キリスト教保守派などの意向をくむブッシュ大統領は、ヒト受精卵由来のＥＳ細胞研究は「生命の破壊」と反対していた。ブッシュ大統領は〇八年一月、一般教書演説で、ｉＰＳ細胞作製について言及、「画期的な業績で、受精卵を壊すことなく、医学の未開拓だった分野へと広がっていく」と話し、こうした研究への財政支援拡大を表明した。

■各国で競う研究成果

ｉＰＳ細胞の研究については、海外でも各国の大学などが業績を競っている。まず、米マサチューセッツ工科大学などの研究チームは〇七年一二月、貧血症のマウスの皮膚細胞からつくったｉＰＳ細胞を使い、貧血症を治療することに成功したと発表した。ｉＰＳ細胞を使い、動物の病気の治療に成功した世界初のケースだった。

遺伝性の重度の貧血「鎌状赤血球貧血症」のマウスの尾から皮膚細胞を採取。山中さんと同じ手法の四つの遺伝子を導入して、ｉＰＳ細胞をつくった。四つの遺伝子のうち一つはがん遺伝子だったが、ウイルスを使って特殊な酵素をｉＰＳ細胞に導入し、この遺伝子を取り除いた。さらに、ｉＰＳ細胞のなかにある貧血の原因遺伝子を健康な遺伝子に組み換え、赤血球や白血球など血液のさまざまな細胞をつくりだすもととなる造血幹細胞に分化させた。この造血幹細胞を、細胞を採取したマウス三匹の尾の静脈に注射したところ、体内で健康な血液をつくり始め、約三カ月後には血液中の成分が大幅に改善した。

めざましい成果を次々とあげているのが、米ハーバード大学だ。何より大きなインパクトを与えたのは、難病患者自身からｉＰＳ細胞をつくりだしたことだ。

コロンビア大学との研究チームが〇八年七月、筋萎縮性側索硬化症（ＡＬＳ）患者の皮膚細胞からｉＰＳ細胞を作製し、これを分化させて運動神経細胞をつくることに成功した。病気の解明に向けた研究に役立つと、大きな注目を集めた。

ＡＬＳは運動神経細胞が徐々に破壊されることで、筋肉が衰え全身が動かなくなっていく進行性の難病。日本では約七七〇〇人の患者がいる。ハーバード大学のケビン・エガン准教授らは八二歳の女性患者から皮膚細胞を採取。山中さんと同じ方法でｉＰＳ細胞を作製した。さらに、ＥＳ細胞で開発された手法を用い、ｉＰＳ細胞から神経細胞をつくった。この細胞は患者と同じ遺伝子型をもち、将来的には細胞移植治療への応用も考えられるが、研究チームは「ｉＰＳ細胞作製の際にがん関連遺伝子を導入しているなど課題が多い」と指摘した。

ハーバード大学などの研究チームは、続いて、パーキンソン病など一〇種類の遺伝性疾患をもつ患者の細胞から、ｉＰＳ細胞をつくることに、成功したと発表。研究チームは、筋ジストロフィーやダウン症、１型糖尿病など、抜本的な治療法がない一〇種類の疾患をもつ、生後一カ月～五七歳の患者から皮膚や骨髄の細胞の提供を受けた。山中さんと同じ四種類の遺伝子、またはがん発生に関わる遺伝子を除く三種類の遺伝子を導入し、いずれも作製に成功した。

これらの成果は、米科学誌『サイエンス』が〇八年の「科学的進歩ベスト10」で一位に選んだ、ｉＰＳ細胞にもとづく「細胞の再プログラミング（初期化）」の具体的成果として挙げている。

ハーバード大学の幹細胞研究所などの研究チームは〇八年二月、ｉＰＳ細胞をつくるために使う遺伝子がどんな仕組みで働いているかも解明したことを明らかにした。体細胞がｉＰＳ細胞になるまでには約二週間かかるとみられていたが、一〇日間だったことが判明。遺伝子導入に使うレトロウイルスが働くのは導入当初で、働きが終わるころには細胞が成長前の未分化状態になっていた。成長を終えた体細胞から、成長前のさまざまな細胞へ分化する能力をもつｉＰＳ細胞ができる仕組みは謎だったため、チームは「ｉＰＳ細胞のがん化防止など、安全な作製法の開発に役立つ」と説明した。

■難病のｉＰＳ細胞、次々

難病患者のｉＰＳ細胞をめぐっては、米スタンフォード大学のチームが一二年四月、ｉＰＳ細胞を使い、原因不明の難病「拡張型心筋症」の患者の皮膚から、心筋細胞を作成することに成功したと発表。患者の心筋細胞を大量につくって発症のメカニズムを解明したり、開発中の薬の効果を試すことにつながる成果といえる。

拡張型心筋症は、心臓の筋肉が衰えてポンプ機能が低下し、肺や全身にうっ血を引き起こす。突然死を引き起こすこともある。患者は国内に二万人程度とみられているが、補助人工心臓の埋め込みや心臓移植以外にはほとんど治療法がない。患者から心臓の筋肉を大量に採取することが難しいため、発症原因は不明な点が多く、原因究明や再生医療による治療への期待が高まっている。

スタンフォード大チームは、家族三世代のなかで、遺伝子の一部が変異して拡張型心筋症を発症している患者四人と、変異がない健康な三人の計七人の皮膚からｉＰＳ細胞をつくり、そこから心筋細胞をつくって比較した。その結果、患者のｉＰＳ細胞からつくられた心筋細胞は収縮が弱いなどの異常があり、チームは症状の再現に成功したとしている。

英サンガー研究所の遊佐宏介博士研究員らは一一年一〇月、欧米に多いα１アンチトリプシン欠損症という遺伝性肝臓病の患者の細胞からiPS細胞をつくり、病気の原因となる遺伝子を改変したあとに同じ病気のマウスに移植する遺伝子治療に成功したと発表した。この病気は治療が難しく、重い肝硬変を招く。日本にはほとんど患者はいないが、この方法を応用すれば他の遺伝病の治療法も開発できる可能性があるという。iPS細胞を使った遺伝子治療は、ある種の重症貧血の動物実験で成功例がある。狙いの遺伝子だけを改変するのが難しく、正常な遺伝子まで傷つけて、別の病気の原因になるという問題点を解決した成果となった。

また、イスラエル工科大学のチームは一一年一月、遺伝性心疾患「QT延長症候群」の患者の皮膚からつくったiPS細胞で心筋細胞を作製することに成功したと発表した。QT延長症候群は、心電図の波形のQTと呼ばれる部分が正常より長い疾患で、立ちくらみや動悸が起き、突然死する場合がある。日本人の患者数は数千人ともいわれる。この成果は、得られた細胞に薬を与え患者への投与前に副作用の有無や効果を把握することにつながり、iPS細胞を使ったオーダーメード医療の一歩として注目される。

■トムソン教授

一方、山中さんと同時にヒトiPS細胞作製を発表したウィスコンシン大学のジェームズ・トムソン教授も、新たな成果をあげている。〇九年三月、ヒトのiPS細胞を、遺伝子の運び役のウイルスを使わず作製し、外部から人工的に入れた遺伝子も完全に消失させることに世界ではじめて成功したと明らかにした。再生医療に使える安全なｉＰＳ細胞作製に向けた改良法として注目された。

ヒトｉＰＳ細胞は当初、ウイルスを使い四種類の遺伝子を体細胞に入れてつくられた。しかし、ウイルスの副作用や、組み込まれた四遺伝子が予期せぬ異常を起こす危険性があった。今回は染色体の外に存在し、ほとんど影響を与えない小さな遺伝子「プラスミド」を運び役に採用。山中さんの四遺伝子に加え、トムソン教授独自の二遺伝子、さらに新たな一遺伝子の計七遺伝子を、新生児の皮膚細胞に入れてつくった。

完成したｉＰＳ細胞のなかに、プラスミドが次第に減少していくものがあった。それを分離すると、プラスミドと導入した七遺伝子全部が完全に消失したことが確認できた。組み込む遺伝子を増やし、染色体に取り込まれにくい性質のプラスミドを使うなどの工夫で、外来遺伝子の完全除去に成功した。

■作製方法、次々開発

ｉＰＳ細胞の作製については、さまざまな新しい方法が開発されている。

米スクリプス研究所のシェン・ディン准教授、独マックスプランク分子医薬研究所のハンス・シェラー教授らのチームは〇九年四月、遺伝子を細胞のなかに入れずにマウスのｉＰＳ細胞をつくる新手法を開発したと発表した。遺伝子の影響で起きうる細胞のがん化を防ぎ、治療に使える安全なｉＰＳ細胞につながる重要な成果で、世界の研究者が目指していた「遺伝子ゼロ」のｉＰＳ細胞がはじめて実現した。

山中さんが開発したｉＰＳ細胞は、ウイルスを使い四つの遺伝子を細胞の核に入れてつくられた。しかし、遺伝子や導入に使うウイルスが予期せぬ働きをして、細胞ががん化する恐れが高く、遺伝子やウイルスを使わない方法が模索されてきた。

チームはまず、大腸菌を使って四遺伝子から、それぞれたんぱく質を作製。このたんぱく質にアミノ酸の一種のアルギニンを一一個つなぎ、細胞膜を透過しやすい性質をもつように改造、ウイルスを使わずにマウスの胎児の細胞内に入れた。

その結果、たんぱく質が細胞核に入り、ｉＰＳ細胞ができた。心臓、肝臓、生殖細胞などへの分化も確認。四つのたんぱく質は細胞の核に入って四八時間後まで存在するものの、その後は自然に消滅するため、がん化の心配が少ないという。

また、イギリスとカナダの研究チームは〇九年三月、世界ではじめてウイルスを使わずに、ヒトの体細胞からｉＰＳ細胞を作製することに成功したと発表した。

ｉＰＳ細胞は、体細胞に数種類の遺伝子を導入する方法などによってつくる。導入の際、レトロウイルスを使う方法が最初に開発された。ただ、レトロウイルスは遺伝子を体細胞の染色体に組み込むため、遺伝子異常を起こしてがん化しやすいと指摘されていた。

研究チームは、染色体に遺伝子を組み込んだり消去もできる遺伝子「トランスポゾン」を使い、四つの遺伝子をヒトの胎児の線維芽細胞に同時に導入、ｉＰＳ細胞の作製に成功した。また、マウス実験では、染色体に組み込まれた四遺伝子を特定の酵素を使って消去することに成功、消去後もさまざまな細胞に分化する能力が確認された。

八　倫理上の問題

ｉＰＳ細胞は、同様の性質をもつＥＳ細胞のように受精卵を壊してつくる必要がないため、当初は倫理的な問題がほぼないと思われた。しかし、研究の急速な進展によって、新たな課題が浮上しつつある。

なかでも、京都大学の斎藤通紀教授（発生生物学）らのチームが、マウスのｉＰＳ細胞から精子と卵子をそれぞれ作製することに成功したことは、ｉＰＳ細胞をめぐる倫理面での最大の課題を社会に突きつけたといえる。ヒトで成功した場合には、皮膚や血液から人工的に作製した精子や卵子から新たな生命が誕生する可能性があるからだ。安易に実施されれば、個々のアイデンティティーや、生殖、家族のあり方を、根底から揺るがしかねない。

斎藤教授は、二〇一二年一〇月の卵子の作製発表時、ヒトへの応用について、「マウスで得られた知見を生かす時期に来たと思うが、マウスとヒトは大きく違う」と話し、まだ初期の研究段階であると強調した。不妊治療への応用についても「技術的、倫理的な問題をクリアする必要があり、一足飛びに進むのは難しい」とくぎを刺したが、斎藤教授らの成果を受けて、ｉＰＳ細胞を使った生殖細胞の研究がいっそう、加速するのは必至だ。

国は、生殖補助医療の研究に限って、生体から採取した卵子と精子を受精させることを認めている。だが、ＥＳ細胞とｉＰＳ細胞の取り扱いを定めた国の指針では「できた卵子や精子を受精させない」としている。新たな生命の誕生につながるため、それにつながる研究に対しては生命倫理の面から慎重論が強い。一方で、受精を禁ずるのは研究の意義を損なうとの指摘もある。

政府の総合科学技術会議は一一年秋、研究のため人工的につくった生殖細胞の受精の是非について、ようやく検討を始めた。研究の進展で成果への期待が高まるなか、どの段階まで研究が認められるのか、具体的な議論が急がれる。

研究の進展にともなうもう一つの大きな課題は、動物の体内でヒトの臓器を作製する研究の是非だ。東京大学の中内啓光教授らのチームは、すでにマウスやラット、ブタを使った研究で着々と成果をあげており、基盤技術はほぼ出そろっている。

中内教授らの研究は、臓器不足の移植医療に寄与することを目標としている。たしかに、臓器を丸ごと再生できるようになれば、移植を必要とする多くの患者が助かる可能性がある。その一方で、臓器をつくるために動物の生命を操作し、個体を産ませることが許されるのか、動物とヒトの細胞が交じった個体を生ませることで、人の尊厳が傷つかないか、といった倫理的な問題をはらんでいる。

研究の進展を受け、政府の総合科学技術会議の生命倫理専門調査会は、動物の受精卵にヒトのｉＰＳ細胞などを移植した動物性集合胚を動物の子宮に着床させて個体を産ませ、ヒトの臓器を作製する基礎研究について容認する見解をまとめた。現在の文部科学省の指針は、「動物性集合胚」を作製す

iPS 細胞の研究について語る

ること自体は、目的を限定して認めているが、動物の子宮に戻して育てることを禁止している。専門調査会の見解を受け、文科省は専門委員会で指針の改定作業を始める予定だ。見解では、臓器をつくっても、動物実験で安全が確認できるまでは移植治療に使わないことや、意図しない個体が生まれた場合の対応も事前に考えることを求めた。

山中さんもノーベル賞受賞後、ｉＰＳ細胞をとりまく倫理的な課題に取り組む方針を示しており、一三年四月、所長を務める京都大学ｉＰＳ細胞研究所に倫理担当部門を新設した。七月には、京大でｉＰＳ細胞研究の倫理をテーマにした初のシンポジウムを開催。山中さんが講演し、「驚くほどのスピードで研究が進んでいるが、どこまで社会に受け入れられるのか。決めるのは研究者ではなく社会の総意だ」と述べた。シンポジウムでは、倫理部門の藤田みさお特定准教授、八代嘉美特定准教授のほか、他大学の倫理の専門家や、最先端で研究に取り組む気鋭の若手研究者らが参加。最新の研究状況や考えうる倫理的な課題を紹介し、今後、研究を進めるには社会的な合意形成が課題になるとの認識を示した。参加者との質疑応答のなかで山中さんは「研究者と市民が意見交換できる場を確保する必要がある」と話した。

九　前代未聞の森口騒動

ノーベル賞受賞決定に日本が喜びに沸いた直後、iPS細胞に関わる一つの記事がきっかけになって前代未聞の一大騒動が巻き起こった。読売新聞が二〇一二年一〇月一一日朝刊一面トップで報じた「iPS心筋を移植　初の臨床応用」の〝スクープ記事〟だった。その研究の中心とされる人物は、米ハーバード大学客員講師を名乗っていたが、在籍していないことが発覚。学会発表（ポスター発表）の場にも現れず、世界的なスクープは一転、大誤報になってしまった。どこかおかしい、その人物をテレビカメラが追い、一時はワイドショーの主役にもなる騒ぎになった。iPS細胞に関する架空の投資話を利用した事件も起きるなど、iPS細胞が何かと注目を集める証左となった。

その人物とは、日本人研究者、森口尚史《ひさし》氏。森口氏の虚偽説明によるiPS細胞の臨床研究を誤報した各社は検証記事を掲載。記事を掲載しなかった毎日新聞など新聞各社もその取材経緯を明らかにする異例の事態となった。

■読売新聞、共同通信、産経新聞は「誤報」

読売の報道を受けて、共同通信は同日夕刊向けに「一面トップ級の扱い」で加盟社に配信。その記事を掲載した東京新聞（中日新聞）や、産経新聞（大阪本社版）がほぼ同じ内容で「後追い記事」を出し、それぞれ誤報となった。

読売は、一三日朝刊で「検証「ｉＰＳ心筋移植」報道」とする検証記事を一ページ全面使って掲載した。記事によると、記者が森口氏から取材をもちかけられたのは九月一九日。その後、「科学誌に投稿した」と説明した論文の草稿と、手術の動画などが電子メールで記者に送られてきたという。一〇月四日に面談取材し、「写真やデータなどの資料にもとくに疑わしい点はなかった。（科学誌が）専門家の審査を経て掲載が許可される有力専門誌だったことも、本紙（読売）が業績を信用した理由だった」という。しかし、報道時点では科学誌に掲載されていなかった。

検証記事は「何度か、虚偽に気づく機会はあった」とした。その一つが、森口氏が名乗った「米ハーバード大学客員講師」との肩書き。森口氏がハーバード大に所属したのは、一九九九年から二〇〇〇年にかけての約一カ月。「ハーバード大学に確認していれば、否定されていただろう」とした。

一方、共同通信と産経も、掲載に至った経緯を記事で説明した。共同は一三日朝刊向けに配信した検証記事で「本人の言い分をうのみにして報道し、裏づけ取材を十分尽くさなかった」と説明。森口氏が発表を予定していたニューヨークの国際学会会場で本人から取材し、国内でも過去の論文の共同研究者から読売の報道内容を確認する発言も得たことから「信ぴょう性がある」と判断したという。

産経は一四日朝刊社会面（大阪本社版）に「おわび」を掲載。「本人と直接接触ができない段階で、今回の「研究」について森口氏とやりとりがあった国内の研究者への電話取材で「（読売新聞報道の）事実関係はあっている」との説明を受け、記事を掲載しました」とした。

■毎日新聞、朝日新聞、日経新聞が報道しなかった理由

森口氏は読売のほか、毎日、朝日、日本経済の三社に情報をもち込んだが、このうち報じたのは読売だけだった。報道しなかった新聞社は、どう判断したのか。

森口氏から情報提供をもっとも早く受けたのは日経で今年八月。森口氏に治療の詳細や実施病院などを問い合わせたが、明らかにしなかったほか、国内の専門医らから疑問視する回答が相次いだという。科学誌掲載の有無も調べたところ、日本法人を通じて「掲載予定はない」との回答があり、記事掲載を見送ったという。

朝日は、記者が森口氏から九月三〇日に電子メールを受け取り、一〇月三日に本人に会って取材。森口氏は「研究はすべてハーバード大学で行った」と説明したが、論文草稿の共著者は日本の研究者。名乗った「東京大学特任教授」の肩書も「東大病院特任研究員」であることが判明し、「研究データや論文の信頼性は低い」と判断したという。

毎日は、重要な部分で森口氏の説明にあいまいな点があるため、記事化を見送った。森口氏から取材依頼があったのは九月三日。同月中旬の取材で森口氏は、ｉＰＳ細胞から心筋を大量に作製する手

法のほか、臨床研究の経緯、手術の概要を説明。ハーバード大学の倫理委員会には、患者と家族が望んだ、容体が重篤でほかに治療手段がなかった——などの理由で承認されたと説明した。

しかし後日、記者があらためて森口氏に、倫理委のメンバーや病院側の取材窓口を尋ねると森口氏はあいまいに答え、「面倒くさいことになったなあ」と漏らした。記者は不審を抱き、担当デスクらに報告したうえで、「確実な裏づけがとれなければ記事化しない」と判断した。

読売新聞の記事が掲載された一〇月一一日も、国内の専門家に評価を取材したところ、「ありえない」などの指摘があり、報道しなかった。森口氏は九月二三日にも、毎日の別の記者に取材依頼をもちかけていたが、記事化は見送った。

■虚偽認めた森口氏

森口氏は当初、「ｉＰＳ細胞からつくった心筋細胞を心不全患者に移植する手術を六人に実施した」と主張していたが、のちに、五件は虚偽だったことを認め、実施したとする時期も訂正した。森口氏は会見で「ちょっとオーバーに言ってしまった。うそになってしまった」と話した。過去の論文でも「東大などの倫理委員会の承認を得た」との記載もあったが事実ではなかったことが判明。森口氏は東京大学医学部付属病院特任研究員だったが、東大は一〇月一九日付で懲戒解雇した。英科学誌『ネイチャー』の出版元も、森口氏がオンライン誌『サイエンティフィック・リポーツ』で発表した二本の論文を撤回した。

■便乗の書き込みも

ノーベル賞受賞に乗じて、インターネット上で山中さんを名乗った悪質な書き込みがされることもあった。山中さんを名乗る偽の「ツイッター」には受賞決定直後の二〇一二年一〇月八日午後九時過ぎ、「ノーベル賞キターーーーー」と投稿があり、三万八〇〇〇回以上リツイート（再投稿）された。紹介写真に山中さんの顔写真が使われ、プロフィルにも「京都大学iPS細胞研究所（CiRA）所長」と記載されていた。しかし、山中さんはツイッターをしておらず、投稿のあった時間は取材に応じていた。

また、iPS細胞作製に関する特許を取得したと横浜市の業者がうそを言い、架空の権利への投資を呼びかけて金を振り込ませる詐欺まがいの悪質商法も起きた。全国の消費生活センターには一二年六〜一〇月、この業者に関する相談が五七件寄せられ、被害総額は五一九六万円、最高で二二三六万円の被害を受けた人もいた。消費者庁は消費者安全法の不当な勧誘行為（事実と異なることを告げる行為）にあたるとして注意を呼びかけた。

このほか、iPS細胞をめぐる振り込め詐欺事件も起きている。

一〇　京都大学　ノーベル賞後

授賞式が終わっても慌しい日程をこなした山中さんにとって、もっとも楽しみにしていたであろう催しの一つが二〇一三年三月一一、一二両日に京都大学で開催された。iPS細胞をめぐる最新の研究成果について討議する国際シンポジウムだ。山中さんが所長を務める京大iPS細胞研究所が主催しており、ノーベル賞の共同受賞者、英ケンブリッジ大学のジョン・ガードン博士も参加した。二人が顔を合わせたのはスウェーデンでの授賞式以来で、会場でがっちり握手を交わし、再会を喜びあった。

ガードン博士が以前京都を訪れたのは約五〇年前という。ちょうどアフリカツメガエルを使ってクローンオタマジャクシをつくることに成功したころで、山中さんが生まれたころにも重なる。二人が日本で顔を合わせるのははじめてだという。

シンポには、国内外の研究者ら約五〇〇人が参加し、iPS細胞に関する研究について議論を深めた。一九九六年に哺乳類初のクローン羊「ドリー」を誕生させた英エディンバラ大学のイアン・ウィルムット氏の姿もあった。山中さんは「ノーベル賞を受賞してから、研究に専念する環境が整わなかったが、シンポを機に本格的に研究に戻りたい」などと意気込みを語った。

iPS細胞の研究は、日々進化を続けている。とくに京大iPS細胞研究所は、三月の国際シンポ後も立て続けに新たな成果を発表している。四月には、升井伸治講師（幹細胞生物学）らのグループが、iPS細胞の作製を妨げるたんぱく質の種類を特定し、米科学アカデミー紀要（電子版）に発表した。六種類のたんぱく質が阻害に強く関わっているとみられ、iPS細胞をつくる際、これらのたんぱく質の働きを抑えることで、品質の高いiPS細胞を効率よく作製できるという。

また、香川大学と京都大学の共同研究チームが同月、腎臓で赤血球をつくるのを促す「エリスロポエチン産生細胞」をヒトのｉＰＳ細胞を使って作製したと発表。世界初の研究成果という。人工透析を受ける重い腎疾患患者の負担軽減につながるものと期待される。

一方、再生医療だけでなく、創薬に関わる分野でも研究が進む。京大・ｉＰＳ細胞研究所の桜井英俊・特定拠点講師（再生医学）らのグループは、ｉＰＳ細胞を使い筋肉が萎縮する難病「筋ジストロフィー」の病態を再現することに成功。作製した筋ジス細胞にさまざまな物質を投与するなどして、新薬の開発につながる可能性があるという。さらに、京大と東大の研究グループが設立したバイオベンチャー企業「メガカリオン」（東京都港区）がｉＰＳ細胞から血小板を作製する手法を確立。手術で使う止血剤として生産に乗り出す。

研究の進展とともに、体制のいっそうの充実が求められており、京大は組織整備を進め、がん・難病の先進治療やｉＰＳ細胞を利用した新薬開発などを進める「臨床研究総合センター」を開設した。

〔付表〕クローンとiPS細胞開発の経緯

一九六二年	イギリスのジョン・ガードン氏がアフリカツメガエルのオタマジャクシの腸細胞から体細胞クローンのオタマジャクシをつくる
八一年	イギリスチームがマウスのＥＳ細胞の長期培養に成功
九三年四月	山中さんが米グラッドストーン研究所に留学。ＥＳ細胞の研究に取り組む
九六年	イギリスで世界初の哺乳類の体細胞クローン羊ドリー誕生
九八年	米ウィスコンシン大のジェームズ・トムソン博士がヒトＥＳ細胞を開発
九九年一二月	山中さんが奈良先端科学技術大学院大学の助教授に就任
二〇〇〇年春	山中さんが、入学した大学院生に「受精卵を使わないでＥＳ細胞のような万能細胞をつくる」と宣言
〇一年	多田高・京大准教授らがマウスのＥＳ細胞と大人の体細胞を融合させ、体細胞の初期化に成功。山中さんは「分化した細胞の初期化は可能」と確信
〇三年	山中さんの研究が科学技術振興機構の大型研究資金に採用され、五年で三億円の研究費獲得
〇五年夏	山中さんらがマウスの体細胞に、初期化に関わると予測した二四種類の遺伝子を組み

	込み、体細胞の初期化に成功
○六年八月	山中さんらがマウスの体細胞に四種類の遺伝子を組み込み、細胞の初期化に成功したと発表
○七年一一月	山中さんとウィスコンシン大のトムソン博士がヒトの皮膚細胞でiＰＳ細胞の作製に成功したと、それぞれ別の医学専門誌に同日発表した クローン羊ドリーを誕生させたイギリスのイアン・ウィルムット博士が、iＰＳ細胞の成功を受けＥＳ細胞を含むヒトクローン胚研究断念を公表 米ホワイトハウスが「ブッシュ大統領（当時）は大変喜んでいる」との異例の声明を発表。大統領は受精卵を破壊して作製するＥＳ細胞に反対の立場
○八年一月	京大がiＰＳ細胞研究センターを設置。山中さんがセンター長に就任
○八年一○月	ウイルスを使わずにiＰＳ細胞をつくることに山中さんらが成功
○九年三月	山中さんが、医学分野で創造的な貢献をした生物医学研究者を顕彰するガードナー国際賞を受賞
○九年九月	山中さんが「ノーベル賞の登竜門」とされるアルバート・ラスカー基礎医学研究賞（ラスカー賞）を受賞
一○年四月	京大がiＰＳ細胞研究センターを「iＰＳ細胞研究所」に格上げ。山中さんが所長に就任
一一年八月	京大がiＰＳ細胞作製の基本技術に関し、アメリカで特許が成立と発表

一二年一〇月	山中さんとガードン氏がノーベル医学生理学賞に決定
一三年二月	ｉＰＳ細胞を使った世界初の臨床研究計画を、理研と先端医療振興財団が国に申請。対象の疾患は加齢黄斑変性の患者
一三年七月	国が、理研と先端医療振興財団による臨床研究計画を承認。八月から臨床研究への参加希望者の募集を開始

あとがき

映画「ジュラシック・パーク」で、恐竜を復活させるのに使われた合成酵素連鎖反応（ＰＣＲ）法を開発し、ノーベル化学賞を受賞したアメリカの分子生物学者、キャリー・Ｂ・マリスさんに以前インタビューしたことがあります。ＰＣＲ法は、新型インフルエンザの確定診断などいまでは広く医療現場で使われており、マリスさんは医療関係者のあいだでは伝説の研究者になっています。しかしその素顔は――。

インタビューしたのは授賞式直前、一九九三年の来日時でした。サーフィン好きで好奇心旺盛なマリスさんは、当時流行っていた、東京の過激なディスコに行き、踊りに興じているところを写真誌に撮られました。茶目っ気たっぷりの行動と奇抜な言動から、当時「変人」とも言われていました。

「変人」と言えば、二〇〇二年に物理学賞を受賞した小柴昌俊さんがみずからそう名乗りました。「野蛮人」と自称したのは、二〇〇八年の物理学賞受賞者、益川敏英さんでした。「変人」「野蛮人」は軽いジョークとしても、ノーベル賞受賞者の多くは、まじめで堅物。半面、浮世離れした近寄りがたい存在というイメージがあります。マリスさんは浮世離れした研究者の象徴でしょう。

その対極にあるのが、京都大学iPS細胞研究所所長の山中伸弥教授だと思います。ひらめきや発想は天才的ですが、山中さんには庶民的な親しみやすさがあります。ノーベル財団から受賞を伝える電話がかかってきたとき、自宅で洗濯機を直していたエピソードは、「ふつうのお父さん」として、国民の心を一気につかみました。マラソンを愛するスポーツマンであり、大阪人らしいサービス精神に富んだジョークも人々をなごませます。失礼を承知で言えば、ノーベル賞受賞者にはみえないところが、山中さんの最大の魅力ではないでしょうか。私は受賞決定直後の単独インタビューで一〇分だけ対談しましたが、私たち報道陣への気配りに助けられましたし、切り返しとジョークがとてもうまいなあと思いました。同い年ながら完全に山中ファンになってしまいました。

そんな山中さんの半生は必ずしも順風満帆ではありませんでした。整形外科医としての挫折、アメリカ留学後の苦悩……。しかし人生何が起こるかわかりません。奈良先端科学技術大学院大学で一国一城の主になって、風向きがおおいに変わりました。大風呂敷を広げながら、アメリカ留学での恩師に教わった「V・W（ビジョンとワークハード）」を実践してチャンスをつかみ、「人類の偉業」となる成果につなげました。

山中さんが二〇〇六年八月、マウスを使って細胞の初期化に成功したと発表して以来、約二五〇〇日。本書は、毎日新聞に掲載したiPS細胞に関する記事と連載をベースに大幅加筆し、山中さんの素顔と、iPS細胞の将来に迫ったつもりです。これは大阪、東京両本社の科学環境部記者を中心に、社会部や京都支局、写真部の記者たちも含めて、山中さん自身の言葉と関係者の証言を拾い集めた集大成です。

受賞からまもなく一年になります。日々進展するｉＰＳ細胞研究の大きな流れの源となった人間ヤマナカの人柄と考え方を、より多くの方々に知ってほしいと思い、一冊の本にまとめることにしました。ご一読いただき、山中さんの生き様にきっと勇気づけられたことだろうと思います。

末筆ながら、長年にわたり快く取材に応じていただいた山中さんをはじめ研究者のみなさん、若いころの貴重な写真を提供していただいたご友人の方々に感謝申し上げます。また、受賞後一年の出版にもかかわらず、ご理解いただいたナカニシヤ出版の中西健夫社長と、編集を担当して下さった酒井敏行さんに心からお礼申し上げます。

二〇一三年九月

毎日新聞大阪本社社会部長兼科学環境部長　砂間裕之

素顔の山中伸弥
記者が追った2500日

2013年10月25日　初版第1刷発行　（定価はカバーに表示してあります）

著　者　毎日新聞科学環境部
発行者　中西健夫
発行所　株式会社ナカニシヤ出版
〒606-8161 京都市左京区一乗寺木ノ本町15番地
TEL 075-723-0111　FAX 075-723-0095
http://www.nakanishiya.co.jp/

装幀＝宗利淳一デザイン
印刷・製本＝創栄図書印刷

＊落丁本・乱丁本はお取り替え致します。
Printed in Japan.　ISBN978-4-7795-0800-4　C0045

ポスト3・11の科学と政治

中村征樹 編

低線量被爆や専門家のあり方、被災者の苦悩、被害の社会的経済的背景など、東日本大震災が浮き彫りにしたさまざまな問題の構図を、「科学をめぐる政治」の観点から考察しようとする試み。

二六〇〇円＋税

資本主義の新たな精神

ボルタンスキー＝シャペロ 著／三浦直希他 訳

六八年五月を頂点にかつてあれほど高揚した「批判」はなぜその力を失ったのか。新自由主義の核心に迫り「批判」の再生を構想する仏社会学の泰斗ボルタンスキーの主著、待望の翻訳。

上下巻各五五〇〇円＋税

社会的なもののために

市野川容孝・宇城輝人 編

平等と連帯を志向する「社会的なもの」の理念とは何であったのか。暗闇の時代に、そして何でありうるのか。歴史と地域を横断しながらその潜勢力を来たるべき政治にむけて徹底的に討議する。

二八〇〇円＋税

『サークル村』と森崎和江
——交流と連帯のヴィジョン——

水溜真由美 著

筑豊の炭鉱を舞台に創刊された『サークル村』。そこに結集した谷川雁や、上野英信、そして森崎和江たちは、激動する時代のなかでどのような選択を行っていくのか。その現代的意義を問う。

三八〇〇円＋税

表示は本体価格です。